有元家の「これさえあれば」

有元葉子

これさえあれば、今日もおいしいごはんができる

人生を重ねるにつれ、毎日の食事の大切さをつくづく感じます。毎日いい状態で過ごしたい、これは誰しもが持つ気持ちです。私ももちろん例外ではありません。気持ちよく暮らして、体調をできるだけよい状態で保つには、「食事、運動、心のケア」と言いますが、中でも普段の食事が最も基礎になる部分です。

自分で調理したものをいただくのが一番ですが、仕事を目一杯して帰宅し、へとへとなときに、野菜を一から洗って切ったりゆでたり、魚や肉を下ごしらえしたり、などの調理は少々気おくれするときもあります。

そんなとき、疲れて帰っても、「これさえあれば」おいしいごはんを手間なく作って食べられるアイデアを、この本ではご紹介します。

仕事帰りに何か一品買って帰ればよいとか、冷蔵庫の中のあれとあれを組み合わせたりとか。一例が、刺し身を買って帰れば、あり合わせの野菜とサラダにできる。めんつゆを作ってあるから、牛肉を買って帰ればおいしい牛すき

がすぐできる、ご飯は冷凍があるから温めるだけ。だから牛すきのせの丼もすぐできる、といった具合です。

ちょっとした工夫、ちょっとした準備、ちょっと買って帰る、どれもこれもちょっとしたこと。このちょっとしたことで、食生活が満足できるものになります。毎日のごはんは、このちょっとしたことの積み重ねです。

家にいるときの合間時間を使ってだしを取っておいたり、野菜をゆでて冷凍しておいたりなどなど簡単なことです。こんなものがあると、あと一品足りないものを買って帰ればよかったり、冷蔵庫や食品庫にあるもの同士を組み合わせたり、ちょっと考えれば自分なりの食卓が調えられるものです。

たまにはお弁当やお総菜を買って帰るのもよいでしょう。でも、いつものごはんは自分や家族の体調に合わせてできる限り自分の手で作り、食事時間を楽しむことが、長い目で見ると一番健康と直結しているようです。

「忙しいからできない」ではなく、どうしたら忙しくてもできるかを考えてみましょう。そんなときのお助けになれば、という気持ちも込めてこの本を作りました。

有元葉子

目次

1章
家に帰ってすぐに食べたい「これさえあれば」の食材

＊計量単位は1カップ＝２００㎖、大さじ１＝15㎖、小さじ１＝５㎖、１合＝１８０㎖です。
＊ガスコンロの火加減は特にことわりのない場合は中火です。
＊オーブン、オーブントースターの焼き時間は目安です。　機種によって多少差があるので、様子を見ながら加減してください。
＊塩は自然塩を使います。
＊オリーブオイルはエキストラバージンオリーブオイルを使います。
＊メープルシロップはゴールデン（デリケートテイスト）を使います。

2章

冷蔵庫にあれがある

「これさえあれば」のひと手間ストック

おまけの章

思い立ったときに少しだけ「これさえあれば」の小さな愉しみ

1章

家に帰ってすぐに食べたい
「これさえあれば」の食材

「お腹がペコペコ、早く食べたい」

「できあいのものではなく、温かい料理が食べたい」

そんなときにおすすめの食材は、肉やハム類、切り身魚や刺し身、
缶詰、チーズなど、面倒な下ごしらえがいらないもの。

いつもの調味料や常備品を足せば、おいしいおかずがすぐに作れます。

豚肉のフライパン焼き

豚ロース肉（厚切り）

今日は肉を食べたい、そう思ったら厚切りを。肉のおいしさを堪能します。

今日はお肉が食べたいなぁ、という日があります。そんなときは厚切りのものを買い求め、シンプルに「焼く」のがおすすめです。塩もこしょうもせず、オリーブオイルを熱した鉄のフライパンでただ焼くだけ。10～15分かけてじっくりと。脂の部分をトングなどで押しつけながら、豚肉から出てきた脂で焼き上げます。食べるときに塩とこしょう。熱いうちに召し上がれ。

材料（1人分）
豚ロース肉（厚切り）　1枚
◎オリーブオイル　粗塩　粗びき黒こしょう

① フライパンにオリーブオイル適量を熱し、豚肉を入れ、弱火でじっくりと焼いていく。焼き色がしっかりつくように、ときどきトングで押しつけながら焼く。
② 底面が焼けたら裏返し、ふたをして中まで火を通す。
③ ふたを取って脂の部分もしっかり焼いて仕上げる。
④ 器に盛り、粗塩をふり、こしょうをたっぷりめにふる。

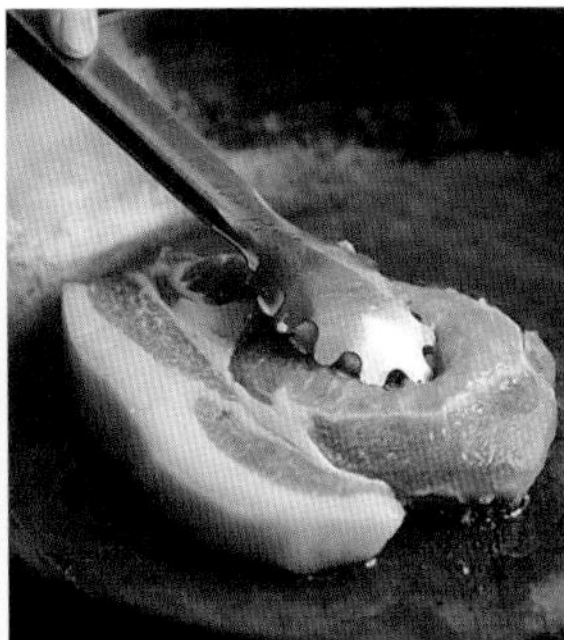

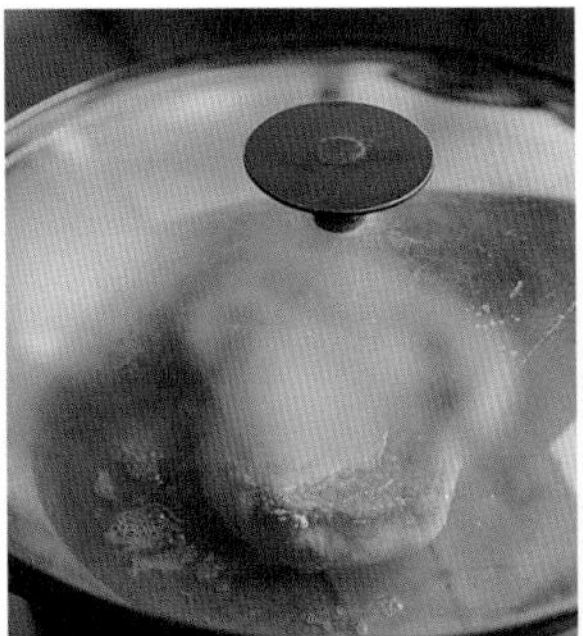

牛肉の網焼き

牛肉（厚切り）

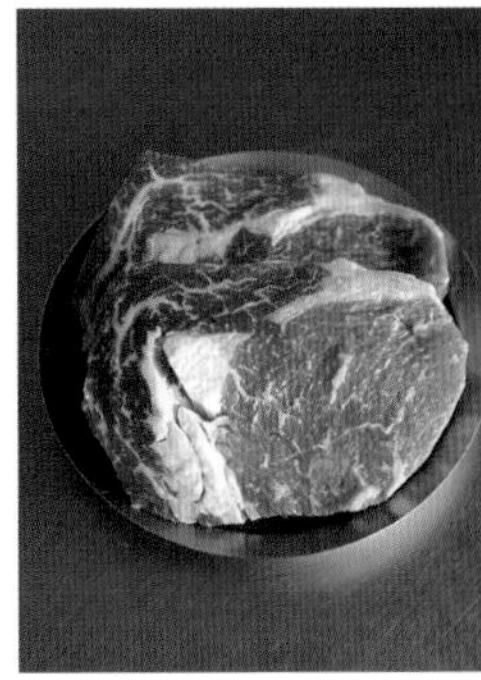

直火焼きの牛肉は格別。カンカンに熱した焼き網でカリッと香ばしく。

直火で焼いた牛肉は、表面はカリッと香ばしく、中はやわらかく、うまみたっぷり。だから凝ったソースは必要なく、塩とわさびでいただくのがいいですね。私が使っている塩は「ゲランドの塩 フルール・ド・セル」で、食感はシャリシャリと、味わいはまろやかで、余韻にほんのりとした甘みがあるのが特徴。あとは、粉山椒、柚子こしょうなどそのときの気分で。わさびじょうゆでも。

材料（2人分）
牛肉（好みの部位。厚切り） 2枚
わさびのすりおろし（77ページ参照） 適量
●粗塩

①牛肉は室温に戻す。
②焼き網をよく熱し、牛肉をのせ、中火弱でじっくりと焼く。おいしそうな焼き色がついたら裏返し、強火にしたり弱火にしたり、頃合いを見ながら焼いていく。指で押し、弾力を感じる程度まで焼く。
③火からおろして人肌程度の温度になるまでおき、肉汁を落ち着かせる。
④食べやすい大きさに切り分けて器に盛り、わさびと粗塩を添える。

豚肉とキャベツ炒め

豚バラ肉（薄切り）

豚肉は脂が出るまでしっかり焼き、味をからめておくのがおいしさの秘訣。

豚薄切り肉と野菜を炒めるときは、あえて脂の多いバラ肉をチョイス。バラ肉から溶け出た脂が野菜とからみ、コクとうまみのある味に仕上がるからです。ここで使うのはキャベツ。先に炒めてザルに上げておくと、余分な水気がきれてベチャッとしません。豚肉にしっかり味をつけておき、最後にキャベツを戻し入れてざっと混ぜれば、完成。一緒に口に入れると、極上のおいしさです。

材料（2人分）
豚バラ肉（薄切り）　150g
キャベツ　1/4個
にんにくのみじん切り　1片分
◉ごま油　塩　豆板醤　しょうゆ

①豚肉は3〜4等分の長さに切る。キャベツは大きめに切って冷水につけ、パリッとさせる。
②中華鍋を十分に熱してから、ごま油適量を鍋肌から入れてなじませ、水気のついたキャベツを入れてさっと炒め、塩少々をふり、いったんザルに取り出す。
③②の中華鍋にごま油少々を足し、にんにくと豚肉を入れて炒め、中華鍋の真ん中を空けて豆板醤小さじ1、しょうゆ小さじ1〜1 1/2を加え、豚肉にからめる。
④キャベツを戻し入れ、手早く混ぜ合わせる。

常夜鍋

豚ロース肉（薄切り）

豚肉とほうれん草。
2素材で作るから、簡単。
晩酌にも、ご飯のおかずにも。

豚薄切り肉は、炒める、焼く、しゃぶしゃぶにするなど使い道はいろいろですが、たまに食べたくなるのが、豚肉とほうれん草を取り合わせた常夜鍋。小さめの土鍋にだし汁を入れて、吸い物よりやや濃いめの味つけにし、豚肉とほうれん草を入れてさっと煮ます。常夜鍋の名は、毎晩食べても飽きないことが由来だそうです。ここではロース肉を使いましたが、バラ肉でもいいですね。

材料（1人分）
豚ロース肉（薄切り）　150〜200g
ほうれん草　½束
だし汁（かつおだし）　2〜3カップ
七味唐辛子　少々
◉しょうゆ　酒　塩

①ほうれん草は洗い、根元が太いものは切り込みを入れる。
②鍋にだし汁を入れて火にかけ、熱くなったら、しょうゆ大さじ1、酒大さじ1〜2、塩少々を加えて、吸いものよりやや濃いめの味に調える。
③豚肉を1枚ずつ広げて入れ、アクを取り、ほうれん草を加えてさっと煮る。
④汁ごと小鉢に取り、七味唐辛子をふって食べる。

揚げワンタン

豚ひき肉

ひき肉を包んで揚げるだけ。ライトな食べ心地だからビールがすすみます。

餃子、しゅうまい、ワンタン……どれも肉ダネを作る必要がありますが、この揚げワンタンは肉ダネなしの時短レシピ。買ってきた豚ひき肉をそのまま、ワンタンの皮に細いヘラや割り箸などでのせて包むだけ。これをきつね色にカリッと揚げれば揚げワンタンの完成です。味つけもゼロですが、ワンタンの香ばしさとピリ辛ケチャップのおかげで、まったく問題のないおいしさです。

材料（20〜30個分）
豚ひき肉　200g
ワンタンの皮　1袋（20〜30枚）
●揚げ油　豆板醤　しょうゆ　トマトケチャップ

①ワンタンの皮にひき肉を適量ずつのせ、ワンタンの皮の縁に指で水をつけ、半分に折って指先で押さえつけて留める。左右の皮はそのままでもいいし、折りたたんでもいい。
②揚げ油を中温に熱し、①を適量ずつ入れ、きつね色にカリッとなるまで揚げる。
③器に盛り、豆板醤、しょうゆ、トマトケチャップを好みで混ぜて添える。

鴨のフライパン焼き

合鴨胸肉

皮面をカリッと焼いた鴨肉は香ばしくてやわらかく、うまみたっぷり。

鴨肉は敷居が高いと思われがちですが、扱い方は意外と簡単。一般に売られているのは合鴨の胸肉で、フライパンで焼くだけでそのおいしさが楽しめます。焼き方のポイントは、鴨肉の皮目を下にして弱めの中火で焼きはじめ、鴨肉から出た脂だけで香ばしく焼き上げること。油をひく必要はなし。フライパンは鉄製など皮がパリッと焼き上がるフライパンがおすすめです。

材料（作りやすい分量）
合鴨胸肉　1枚
わさびのすりおろし（77ページ参照）　適量
◉粗塩　ゆずこしょう（赤）

① 鴨肉は皮全体を包丁の刃先で軽く刺す。刺してから焼くと脂が溶け出しやすく、香ばしく焼き上がる。
② フライパンを熱して鴨肉の皮を下にして入れ、弱めの中火で7～8分、こんがりするまで焼く。
③ 皮がパリッとしたら裏返し、ペーパータオルで脂を拭き取りながら、さらに6～8分焼く。火を通しすぎないように、中はピンク色が理想。冷めるまでおく。
④ 皮を下にしてまな板の上に移し、薄切りにして器に盛る。わさび、粗塩、ゆずこしょうを添える。

薄切りハムとスプラウトのサンドイッチ

ハム（ごく薄切り）

薄切りハム1パックと山盛りスプラウト。すぐ作ってすぐ食べるクイックレシピ。

最近のハムはごく薄くスライスされたものが多く、3～4枚食べても物足りないですよね。ここでは1パック全部使って、お腹を満たすサンドイッチを作ります。組み合わせるのは、栄養もあって下ごしらえなしのスプラウト。ブロッコリー、赤ラディッシュ、赤キャベツ、貝割れ菜など、数種類のスプラウトを山盛りのせてサンドします。やわらかい食パンにぴったりのフィリングです。

材料（1～2人分）
ハム（ごく薄切り）　1パック
スプラウト（3～4種）　たっぷり
食パン　4枚
◎マヨネーズ

①パンの片面にマヨネーズをぬる。端までしっかりぬると最後までおいしく食べられる。
②①のパン2枚にハムを半量ずつのせ、根元を切り落としたスプラウトを山盛りのせ、残りのパンではさむ。
③手で軽く押さえて落ち着かせ、半分に切る。

ベーコンとキャベツのトーストサンド

ベーコン（薄切り）

ベーコンはカリッカリに焼くのが好き。熱いうちにパンにはさんで頬張ります。

　カリッと焼いたベーコンとパリッとした生キャベツ。これをトーストしたパンにはさんでいただくのが最高！　ベーコンは、お取り寄せの信頼できるお肉屋さんの、香り高いものが私好み。パンは、横澤パンの手ごね食パンを厚めにスライス。22ページのようなやわらかいハムにはやわらかいパン、カリカリのベーコンには弾力があって焼いて香ばしいパンを。このバランスが大事です。

材料（1人分）
ベーコン（薄切り）　5枚
キャベツ　大1枚
食パン（厚切り）　1枚
●粗びき黒こしょう

①ベーコンはフライパンに入れて火にかけ、カリッとするまで焼き、こしょうをたっぷりめにふる。
②食パンはトーストし、厚みを半分に切って開く。
③キャベツを大きめに切ってパンの間に入れ、ベーコンをのせてサンドする。

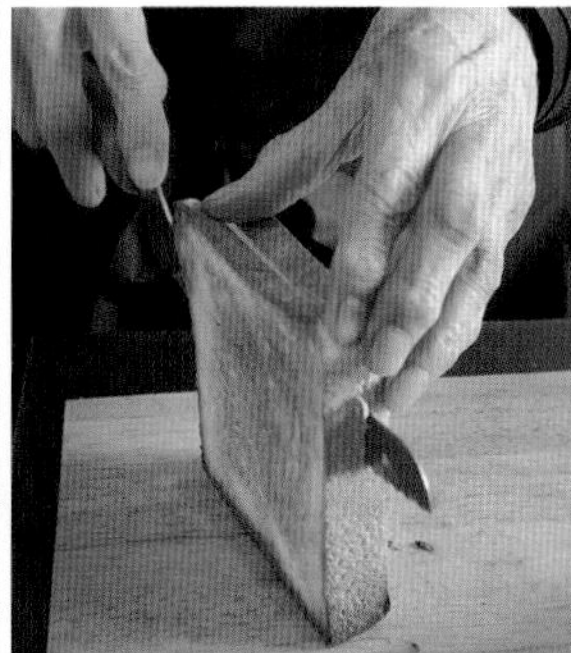
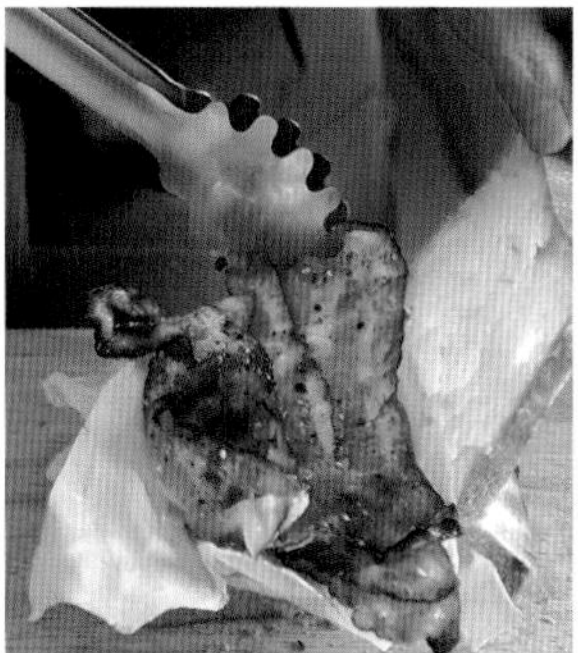

刺し身サラダ

刺し身盛り合わせ

刺し身盛り合わせと生野菜が
あれば、いつもの刺し身が
贅沢サラダになります。

刺し身をわさびじょうゆでいただくのはいつものこと。たまには、ひと手間加えてサラダ仕立てにするのもいいですね。刺し身は、白身魚が入っている盛り合わせを選ぶのがおすすめ。食べて楽しく、見て美しいからです。ここではごま油を利かせた中華ドレッシング。好みで、ほんの少しおろしにんにくを加えても。また、ごま油の代わりにオリーブオイルを使っても。

材料（2人分）

刺し身盛り合わせ（鯛、かんぱち、まぐろ）
　1パック
セロリ　1本
長ねぎ（細め）または万能ねぎ　1本
ブロッコリースプラウト　1パック
香菜のざく切り（好みで）　適量
◎ごま油　酢　しょうゆ　塩　粗びき黒こしょう

①セロリは斜め薄切りにし、葉は細切りにする。長ねぎは斜め薄切りにする。氷水に放してシャキッとさせる。

②ボウルにごま油と酢を2対1の割合で入れ、しょうゆ適量、塩、こしょう各少々を加えて泡立て器でよく混ぜ、ドレッシングを作る。

③別のボウルに、水気をきった①、根元を切ったブロッコリースプラウトを入れ、刺し身を1枚ずつ広げて入れる。ドレッシングを加えてさっくりとあえ、器に盛り、香菜を添える。

まぐろ、納豆、きゅうりあえ＋ご飯

まぐろの刺し身

まぐろの刺し身はさくで購入。角切りにしてあえものにするとお酒もご飯もすすみます。

まぐろの赤身、納豆、きゅうりの組み合わせが絶妙。ここに、好みでたくあん、漬けもの、オクラなどを刻んで加えても。とにかく全部合わせてしょうゆをたらし、ざっくりとあえれば完成。このまま酒の肴《さかな》としていただくのはもちろん、小どんぶりにしたり、のりで巻いて食べたり、すしめし（35ページ参照）を作って手巻きにしたりと、楽しみ方はいろいろ。充実した気分になります。

材料（2人分）

まぐろの刺し身　1さく
納豆　2パック
きゅうり　1本
あさつきまたは万能ねぎ　適量
ご飯　適量
焼きのり　適量
◉しょうゆ

①まぐろは1.5㎝角に切る。納豆はよく混ぜる。きゅうりは5㎜角に切り、あさつきは小口切りにする。
②ボウルに①を入れ、しょうゆ適量を加えて混ぜる。
③器に盛り、ご飯と焼きのりを添える。ご飯にのせたり、焼きのりで巻いて食べる。

かきの酒蒸し

かき

酒蒸しにすることによってかきのうまみが凝縮し、ぷりぷりでジューシー。

寒さが増してくる時期、おいしそうなかきを見つけるとまず作るのが酒蒸し。加熱すると身が凝縮し、うまみがギュッと詰まった濃い味わいが楽しめます。おいしさのポイントは下ごしらえ。かきを目の粗いザルに入れ、粗塩をたっぷりめにふり、流しの上でザルをふります。灰色の濁った汁が出てきますが、これはかきの汚れ。しっかり汚れを出したら流水で洗い流します。

材料（1人分）
かき（加熱用）　5～6個
昆布　適量
ゆずの皮のせん切り、ゆず　各適量
◎粗塩　酒　しょうゆ

①かきは目の粗いザルに入れ、粗塩をたっぷりめにふり、灰色の汚れが出てくるまでふり洗いする。流水で洗い流してきれいにし、水気をきる。
②土鍋に昆布を敷いてかきを並べ入れ、酒1/4～1/3カップを加えてふたをし、かきに火が通るまで中火で蒸し煮する。
③ゆずの皮を散らして完成。しょうゆとゆずの搾り汁をかけて食べる。

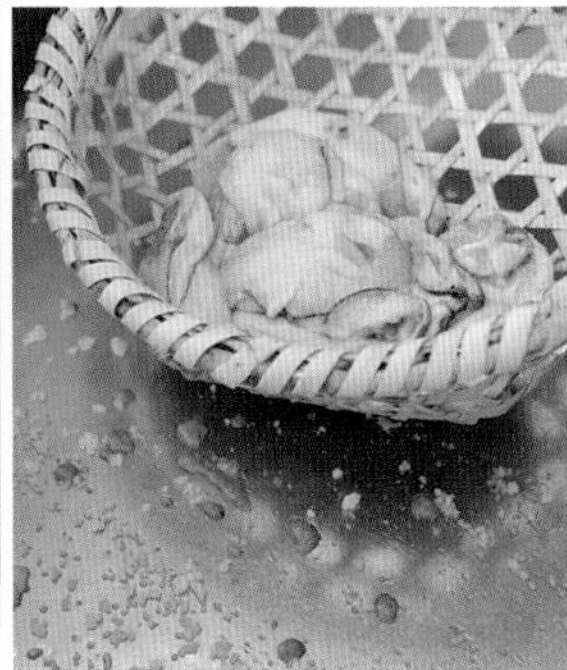

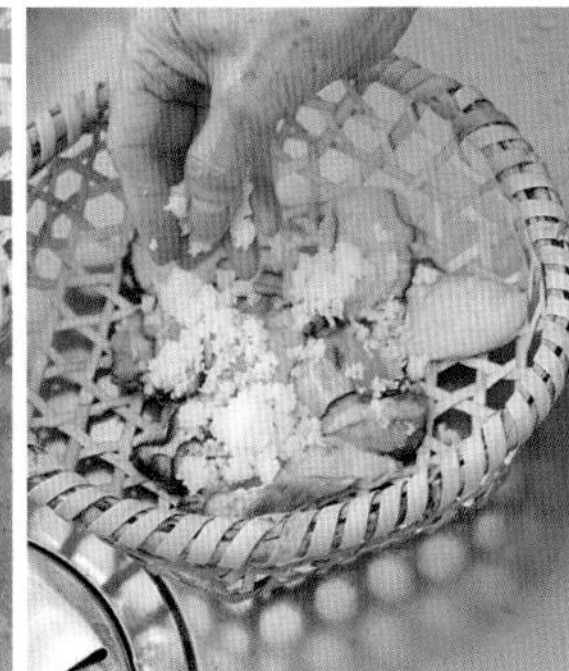

かきご飯

かき

かきはうまみが強いので
ご飯に炊き込むと
この上ないおいしさ。

かきご飯の作り方はいろいろ。かきをさっと煮た煮汁で米を炊き、最後にかきを加えてふっくら仕上げる方法もありますが、最初からかきを入れて炊くとだしがしっかり出ます。かきを加熱する時間が増えるので身は少し締まりますが、お米にかきのうまみが十分に移り、ご飯だけ食べても、かきをしっかり感じることができます。香りもよく、おこげのおいしさもピカ一です。

材料（作りやすい分量）
かき（加熱用）　12〜13個
しょうが　1片
米　2合
昆布　5㎝長さ×2枚
◎酒　しょうゆ

①米はといでザルに上げる。かきは31ページを参照してふり洗いし、水気をきる。しょうがは皮つきのまま厚めに切る。
②炊飯器に米を入れ、酒大さじ1、しょうゆ小さじ2を加え、水を2合の目盛りまで注ぎ入れ、ざっと混ぜる。昆布としょうがをのせ、普通に炊く。
③炊き上がったら昆布としょうがを取り出して細切りにし、炊飯器に戻し、さっくりと混ぜ合わせる。

簡単おすし

小鯛の笹漬け

すしめしが食べたい、そんなときに便利なのが小鯛の笹漬けです。

福井県小浜市を代表する「小鯛の笹漬け」がおおすすめです。3枚におろした蓮子鯛《れんこ》に塩をして酢で〆《しめ》たもので、飽きのこないおいしさ。このまま酒の肴としていただくことも多いのですが、おすしの具にもいいんです。すでに完成された味なので、あとは実山椒のつくだ煮、ガリ（しょうがの甘酢漬け）、青じそやあさつきなどの香味野菜があれば、上等なおすしになります。

材料（作りやすい分量）
小鯛の笹漬け　70g（半樽）
実山椒のつくだ煮　適量
すしめし
　米　3合
　すし酢★　90㎖
みょうがの梅酢漬け（あれば）　少々
★すし酢……酢80㎖、砂糖大さじ1½、塩小さじ⅔を混ぜる。

①すしめしを作る。米はといですしめし用の水加減で炊く。炊き上がったらボウルに移し、熱いうちにすし酢を回しかけ、切るように混ぜて粗熱を取る。
②小鯛の笹漬けは半分に切る。
③器にすしめしを盛って実山椒のつくだ煮を散らし、小鯛の笹漬けをのせる。みょうがの梅酢漬けを、縦薄切りにして添える。

しらすと菜の花のペペロンチーノ

しらす

にんにくと赤唐辛子で作る
ペペロンチーノに
しらすを入れたバージョン。

にんにくと赤唐辛子、しらすで作る、お手軽パスタ。しらすはにんにくを炒めたタイミングで加え、水分を飛ばすようにしながら炒めてオイルとなじませるのがポイントです。私は菜の花と組み合わせるのが好きですが、キャベツを使ってもいいし、しらすだけでもOK。オリーブオイルは、香りがよく、おいしいエキストラバージンを使ってください。

材料（2人分）
スパゲッティまたはスパゲッテーニ
　160〜200g
しらす　ひとつかみ
菜の花　1束
にんにくのみじん切り　1〜2片分
赤唐辛子　1〜2本
◎塩　オリーブオイル

①菜の花は冷水につけてシャキッとさせ、茎のかたいところを切り落とし、長ければ半分に切る。
②スパゲッティは塩を加えた湯（湯2ℓに対して塩大さじ1）でゆではじめ、袋の表示時間より2分ほど短くタイマーをセットする。
③フライパンまたは浅鍋にオリーブオイル大さじ2〜3、にんにくを入れて火にかけ、にんにくが色づいてきたらしらすを加えてなじませ、赤唐辛子をちぎって加え、炒める。
④スパゲッティがゆで上がる1分ほど前に水気をきった菜の花を加え、スパゲッティと一緒にゆでる。スパゲッティがゆで上がったらトングでつかみ上げて③に加え、汁気を絞った菜の花も入れ、オリーブオイル少々を加えてよくからめる。

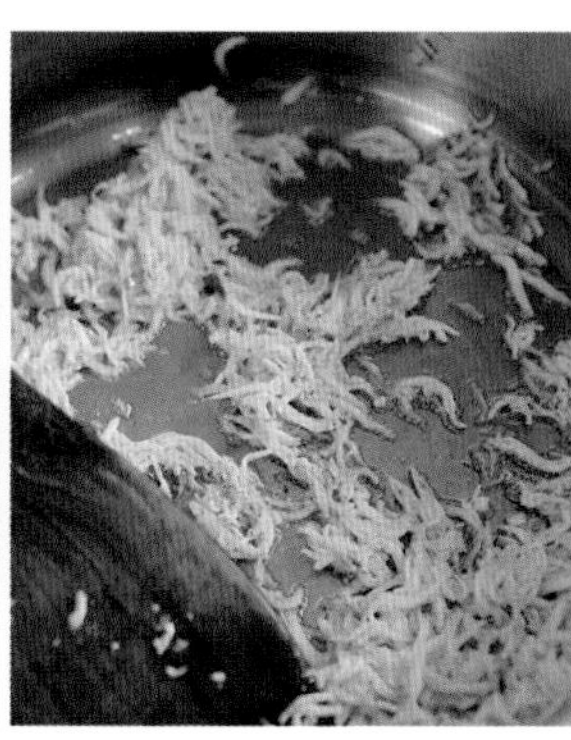

たらこのからすみ風パスタ

たらこ

たらことオリーブオイルの相性は二重丸。和風たらこパスタとはまた違うおいしさ。

30年ほど前、まぐろのボッタルガ（からすみの一種）がまだ日本にここまで普及していなかった頃、たらこを使ってシチリア風のパスタができないかと考えて生まれたレシピ。にんにくの香りが移ったオイルでたらこをしっかり炒め、赤唐辛子を利かせ、オリーブオイルで少しのばしてでき上がり。好みでレモンを搾りかけてもおいしい。和風パスタとはまた違う味わいです。

材料（2人分）

スパゲッティ　180g
たらこ　2腹
にんにくのみじん切り　2片分
赤唐辛子の小口切り　1本分
イタリアンパセリのみじん切り（あれば）　適量
◎塩　オリーブオイル

①スパゲッティは塩を加えた湯（湯2ℓに対して塩大さじ1）でゆではじめ、袋の表示時間より2分ほど短くタイマーをセットする。

②たらこは縦に切り目を入れ、包丁の背で身をこそげ出す。

③フライパンにオリーブオイル大さじ3とにんにくを入れて火にかけ、弱火でじっくりと火を通し、にんにくが色づいてきたらたらこを加え、プチプチするまでよく炒め、オリーブオイル少々と赤唐辛子を加えて少しのばす。

④スパゲッティがゆで上がったらトングでつかみ上げて③に加え、よくからめ、イタリアンパセリを加えて混ぜる。

コンビーフのパスタ

コンビーフ缶

コンビーフと玉ねぎで昭和の味。味つけはこしょうのみでOK。

コンビニやお弁当屋さんがまだない時代、家に来てくれる植木屋さんや大工さんにお昼ごはんを出すのが当たり前でした。あるとき、包丁研ぎのおじさんにこのコンビーフのパスタをお出ししたらとても気に入ってくれ、毎回作っていたのを思い出します。コンビーフはリビーという輸入ものを使い、玉ねぎはシャキシャキ感が残る程度に炒めるのがコツ。冷蔵庫にある青菜を少し加えます。

材料（2人分）
スパゲッティ　180g
コンビーフ缶　½缶
玉ねぎ　½個
ほうれん草　2〜3株
◎塩　オリーブオイル　粗びき黒こしょう

①スパゲッティは塩を加えた湯（湯2ℓに対して塩大さじ1）でゆではじめ、袋の表示時間より1分ほど短くタイマーをセットする。

②玉ねぎは5㎜幅に切る。ほうれん草は葉先を摘む。フライパンにオリーブオイル適量を熱して玉ねぎをざっと炒め、コンビーフを加えてほぐしながら炒める。ほうれん草を加えて混ぜ、こしょう適量をふる。

③スパゲッティがゆで上がったらトングでつかみ上げて②に加え、よくからめる。

鮭缶とじゃがいも、サワークリームのスープ

鮭水煮缶

缶汁も捨てずに活用。バターとサワークリームでおいしいスープになります。

魚介の水煮缶はいずれも缶汁に栄養が溶け出ておいしいので、捨てずに調理するようにしています。これは缶汁を利用したスープ。鮭缶の缶汁と水で野菜を煮て、仕上げにバター。器に盛ってから、サワークリームをたっぷりのせて完成。乳製品を加えることでぐっとうまみが増します。寒い冬、家に帰って手軽にできる、一皿で満足できる具だくさんの洋風スープです。

材料（作りやすい分量）
鮭水煮缶　2缶
玉ねぎ　½個
じゃがいも（カラフルでもよい）　2〜3個
カリフラワー　小1個
バター　適量
サワークリーム　適量
◎塩　粗びき黒こしょう

①玉ねぎは1cm幅のざく切りにする。じゃがいもは皮をむいて一口大に切る。カリフラワーは小房に分ける。
②鍋に玉ねぎ、じゃがいも、鮭缶2缶の缶汁、鮭の身1缶分を入れ、水をかぶるくらい注ぎ入れる。火にかけ、煮立ったら弱火にして煮る。途中、カリフラワーも入れて煮る。
③野菜がやわらかくなったら、残しておいた鮭の身1缶分を加え、塩、こしょうをしてさらに煮る。仕上げにバターを加えて溶かす。
④器に盛り、こしょうをふり、サワークリームをのせる。

さばと大根の汁もの

さば水煮缶

さば缶と大根は好相性。
缶汁を使えば味つけは最小限。
仕上げのこしょうはたっぷりと。

大阪・船場の船場汁はさばのアラと大根で作る、とても経済的でおいしい汁もの。さば缶を使えば簡単に船場汁が作れます。味つけは塩、こしょうであっさりと。おつゆに大根のうまみが加わり、みそ味とはまた違ったおいしさ。器によそってから粗びき黒こしょうをたっぷりふると味が締まり、さばのおいしさが引き立ちます。

材料（1人分）
さば水煮缶　1缶
大根　5㎝
◎塩　粗びき黒こしょう

① 大根は皮をむいて短冊切りにする。
② 鍋にさばを缶汁ごと入れ、大根を加え、水をひたひたに注ぎ入れる。火にかけ、煮立ったら弱火にして大根がやわらかくなるまで煮る。塩、こしょうで味を調える。
③ 器によそい、こしょうをたっぷりとふる。

カリカリ焼きそばの帆立あんかけ

帆立貝柱缶

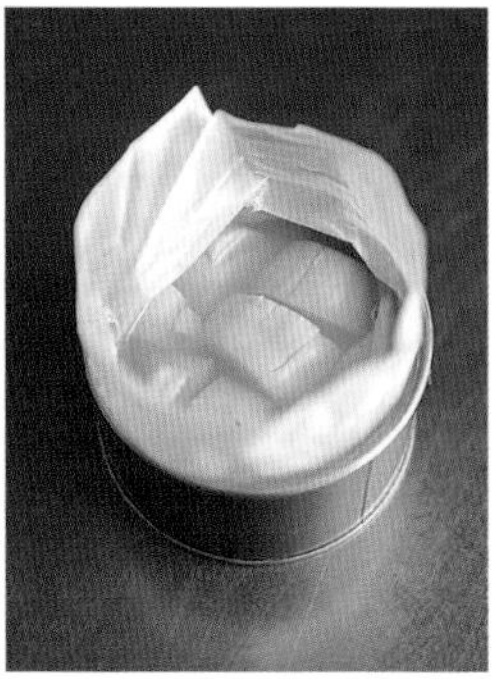

うまみたっぷりの帆立あんとカリッと焼いた焼きそばの組み合わせが絶妙。

焼きそばはなんと言ってもカリッと香ばしいのが好みです。フライパンにごま油を熱して麺をほぐして広げて入れ、いじりたいのを我慢してじっくりと焼きつけ、底面がカリッと焼けるまでそのまま。そのあと裏返して、もう片面もカリッと焼きます。あんは、帆立缶を缶汁ごと使えば簡単に味が決まります。酢と豆板醤を混ぜたものを添え、好みでかけていただきます。

材料（1人分）
中華蒸し麺　1玉
帆立貝柱缶　1/2〜1缶
白菜　大2枚
にんにくのみじん切り　小1片分
水溶き片栗粉（水と片栗粉は同量）　適量
◉ごま油　しょうゆ　塩　粗びき黒こしょう

① 白菜は芯と葉に分け、芯は一口大のそぎ切り、葉はざく切りにする。
② フライパンにごま油大さじ1を熱し、麺をほぐして広げて入れ、いじらずに焼く。底面がカリッと焼けたら裏返し、同様にして焼き、器に盛っておく。
③ 中華鍋にごま油適量とにんにくを入れて火にかけ、香りが立ったら白菜の芯を入れて炒め、缶汁、貝柱適量、水少々を加えて少し煮る。
④ 白菜の葉を入れ、しょうゆ、塩各少々を加え、残りの貝柱を加える。水溶き片栗粉でゆるいとろみをつけ、こしょうをふり、②の焼きそばにかける。

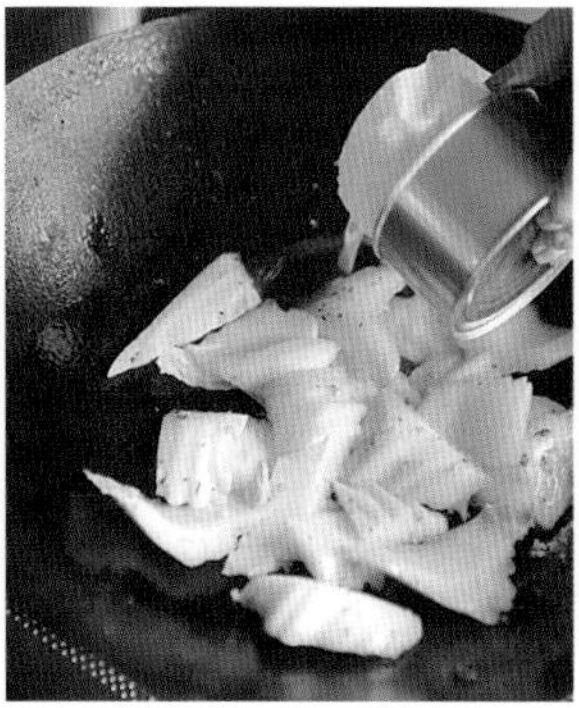
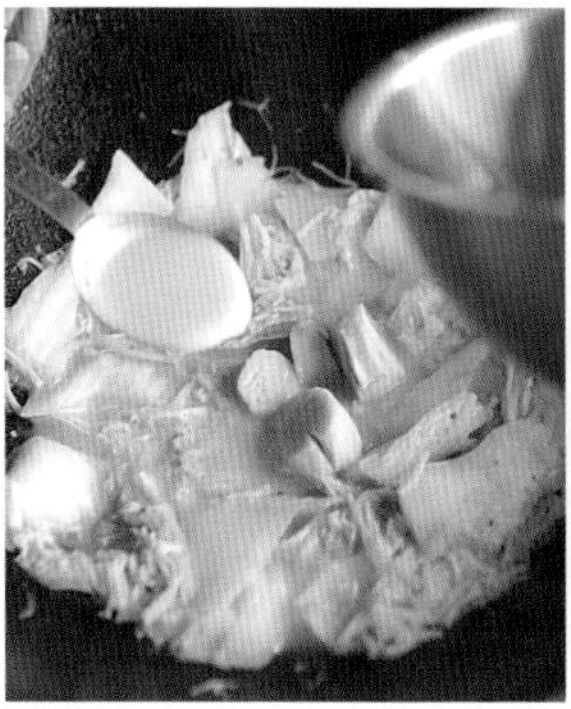

かに春雨

かに缶

かに缶をたっぷり使ったちょっと贅沢な春雨炒め。これだけで立派な主菜。

かにの味とうまみがしみ込んだ春雨はなんとも言えぬおいしさ。これが家で作れたら誰かが来たときにもちょっと自慢の一品になります。おいしく作るコツはまずは春雨選び。歯応えがあって煮ても溶けにくい緑豆春雨を。そして、春雨は湯につけるとやわらかくなりすぎるので、水でかために戻します。そのあと味を含ませながら炒めるので、最終的にはちょうどいい感じになります。

材料（作りやすい分量）

かに缶　1缶
緑豆春雨　½袋（150g）
にんにく　1片
しょうが　1片
香菜　適量
鶏のスープまたは湯　1カップ
香菜（あれば）　適量
◎太白ごま油　ナンプラー　粗びき黒こしょう

①春雨は水に20分ほどつけてかために戻し、水気をよくきり、キッチンバサミで食べやすい長さに切る。にんにく、しょうがはみじん切りにする。

②中華鍋に太白ごま油大さじ2を熱してにんにく、しょうがをしっかりと炒め、かにを加えてほぐしながら炒める。

③春雨を加えて炒め合わせ、鶏のスープ、ナンプラー大さじ1～1½を加え、春雨に汁を吸わせながら炒める。

④汁気がなくなるまで炒め、中華鍋に張りついた春雨をはがしながら焼き色をつけて香ばしく仕上げ、こしょうをふる。器に盛り、香菜を添える。

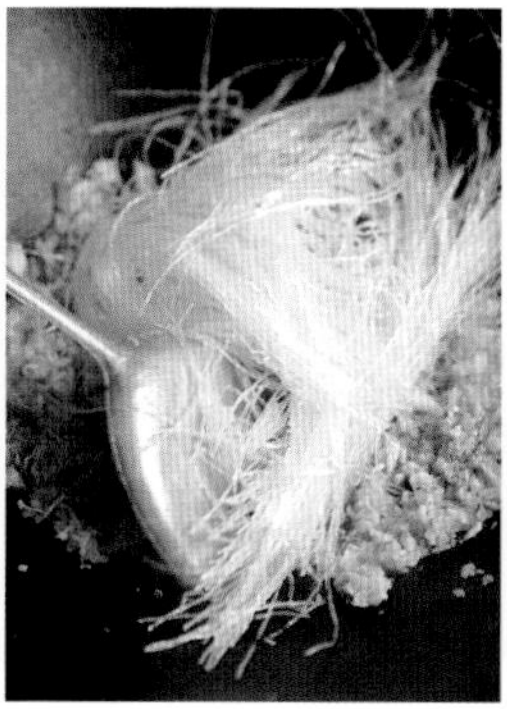

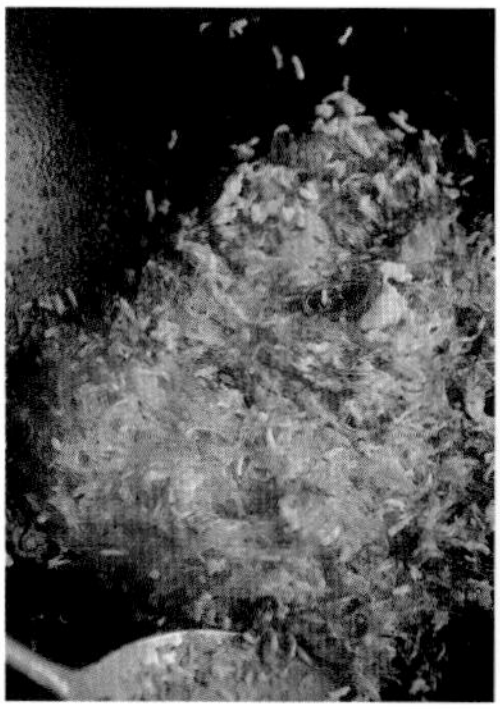

ひよこ豆とソーセージのチリコンカン風

ひよこ豆水煮パック

買ってきたらすぐに使える二つの食材で、簡単チリコンカン風。

ゆでる必要のないひよこ豆の水煮、封を開けたらそのまま使えるソーセージ、常備している玉ねぎとにんにくをオリーブオイルで炒め、トマトソース、オレガノ、タバスコでさっと煮るだけ。ビールとともに楽しんでもいいし、パンやパスタを添えてもOK。特にコツなどないですが、ドライオレガノとタバスコは必須。どちらも日持ちするので、常備しておくといいですね。

材料（2人分）

ひよこ豆水煮パック　1パック（230g）
ソーセージ　4本
玉ねぎ　1個
にんにく　1片
オレガノ（ドライ）　適量
トマトソース（121ページ参照）　1カップ
◎オリーブオイル　塩　タバスコ

①ひよこ豆は水気をきる。ソーセージは1.5㎝幅に切る。玉ねぎは1㎝角に切り、にんにくはみじん切りにする。

②鍋にオリーブオイル適量を熱してソーセージ、玉ねぎ、にんにくを炒め、ひよこ豆を加えて炒め合わせる。

③トマトソースを加えて混ぜ、塩で味を調え、多めのオレガノ、タバスコを加えて温める程度に煮る。

卵わかめ炒め

卵

「たったこれだけ？」はい。卵とわかめでご飯がすすむおかずです。

　昔から作っている料理に、わかめ炒めがあります。わかめをザクザクッと切ってにんにくと太白ごま油で炒め、しょうゆで味つけしたもの。このわかめ炒めに卵を加えたのがこの料理。卵は最低2個は欲しい。中華鍋に太白ごま油をよく熱して卵をいっきに入れ、卵の縁がふんわりしてきたら鍋底から大きく混ぜて火を通し、いったん取り出します。この卵の炒め方が最大のポイントです。

材料（2人分）
卵　2個
わかめ（乾燥）　20g
にんにく　1片
◎塩　太白ごま油　しょうゆ

①卵は割りほぐし、塩少々を混ぜる。わかめはたっぷりの水につけて戻し、しっかりと水気をきり、食べやすい大きさに切る。にんにくはみじん切りにする。
②中華鍋に太白ごま油を多めに入れ、煙が出るくらいまでよく熱し、卵を入れる。大きく混ぜてふんわりと火を通し、いったん取り出す。
③②の中華鍋に太白ごま油少々を足し、にんにくを入れて弱火でじっくりと炒め、色づいたらわかめを加え、強火で炒める。
④しょうゆをたらして香りをつけ、火を止め、卵を戻し入れて混ぜ合わせる。

油揚げのしょうゆあえ＋ご飯

油揚げ

油揚げと長ねぎ、しょうゆだけでおいしいって不思議ですか。

「えっ、油揚げは焼いたり煮たりしないんですか」とよく聞かれますが、はい、何もしないで包丁で切るだけです。一番のポイントは、良質の材料と揚げ油で作る、安心でおいしい油揚げを買うこと。買ってきてすぐなら、油抜きをしないで使うことができます。これは私が子どもの頃、父が好きだった食べ方。近所のお豆腐屋さんで揚げたてを買ってきて、酒の肴にしていました。

材料（2人分）

油揚げ　1枚

長ねぎ　7〜8cm

ご飯　適量

◉しょうゆ

①油揚げは5〜6mm角に切る。長ねぎも同じくらいの大きさに切る。

②ボウルに①を入れ、しょうゆを加えてあえる。

③茶碗にご飯を盛り、②をのせる。

たたきこんにゃくのピリ辛

こんにゃく

こんにゃくだけで
ご飯のおかず。
お酒のアテにもなります。

これでもかというくらいしっかりたたいて、うちでは「ボロ雑巾」の異名がついている、こんにゃくの炒め煮。味のしみ込み方、食感、味わいなど、いつものこんにゃくとはまったく違うおいしさで、牛肉のよう、とよく言われます。こんにゃくは、かたく締まった生芋こんにゃくを使ってください。下ゆでするとこで独特の臭みが抜け、味も入りやすくなります。

材料（作りやすい分量）
こんにゃく　1枚
赤唐辛子　1本
◎太白ごま油　酒　しょうゆ

①こんにゃくは下ゆでして水気をきり、まな板の上にのせ、水が飛び散らないように布巾をかけ、すりこ木でしっかりとたたく。たまに布巾をはずして様子を見る。

②水分が出てポロポロになったら布巾をはずし、さらにたたき、食べやすい大きさにたたき切る。

③鍋に太白ごま油大さじ2を熱して②のこんにゃくを入れ、水分を飛ばしながらよく炒める。泡が出るが、凝固剤が油に反応して出るので気にしなくていい。

④赤唐辛子、酒大さじ2、しょうゆ大さじ2を加え、汁気がなくなるまで弱火で煮て味をなじませる。

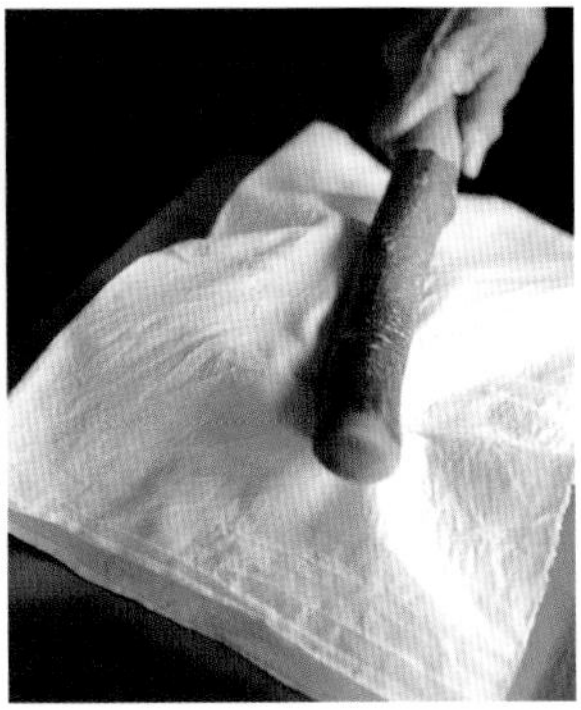

揚げなすのおかかじょうゆ

なす

なすのおいしい食べ方の一つ。切ったらすぐに油に入れ、高温でさっと揚げるのがコツ。

「揚げる」という調理はちょっと面倒だと思いがちですが、なすは炒めるよりも揚げるほうが簡単。1本ずつ高温でさっと揚げると油を吸わず、炒めるよりも、ギトギト、しなしなになりません。また、揚げる直前に乱切りにしてすぐに油の中に入れれば、なすの断面が空気にふれる時間が極端に短くなり、アクが出ません。水にさらす手間が減ります。

材料(2人分)
なす　3本
しょうが　1片
削り節　4パック
◎しょうゆ　揚げ油

①ボウルに削り節、しょうゆ小さじ1を入れて混ぜ、削り節にしょうゆを湿らせる。しょうがをみじん切りにして加え、混ぜておく。
②揚げ油を高温に熱し、なすを1本ずつ一口大の乱切りにして、揚げていく。色よく揚がったら網に取って油をきり、①のボウルに加えてよくあえる。

たら鍋

削り節、長ねぎ、しょうが

たれも土鍋に入れて温めるのが我が家流です。

長ねぎ、しょうが、削り節……薬味たっぷりのたれがおいしさの秘密。たれもそばちょこなどに入れて土鍋の中におき、たらや春菊と一緒にアツアツにしておくのが我が家のお決まりです。昆布のうまみが出た煮汁で好みの味に薄めてもよし。具材は、生たらのほか、あさり、わかめ、しめじなどを入れたり、豆腐を加えて「たらちり」にしても。寒い日の晩酌にもおすすめです。

材料（1人分）

生たら　2切れ

春菊　適量

昆布　10㎝長さ1×枚

たれ

　長ねぎ　4〜5㎝

　しょうが　1片

　削り節　2〜3パック

　●しょうゆ

①たれを作る。長ねぎ、しょうがはみじん切りにする。ボウルに長ねぎ、しょうが、削り節を入れ、しょうゆ適量を入れて全体に湿らせる。そばちょこなどに入れる。

②たらは熱湯を回しかけ、2〜3等分に切る。春菊は食べやすい長さに切る。

③小鍋に昆布を敷いて真ん中に①をおき、小鍋に水適量を注ぎ入れて火にかける。たらと春菊を入れて煮る。火が通ったら小鉢に取り、おかかだれをかけて食べる。

ザーサイと長ねぎのあえそば

ザーサイ（かたまり）

ザーサイの塩気と白髪ねぎで楽しむ、細麺レシピのとっておき。

香港麺（乾麺）をストックしています。極細麺なので、取り合わせる具材も麺とからみやすい細切りのものがよく合います。おすすめはザーサイ。ザーサイはザーサイという植物の茎の部分を漬けたもの。かたまりのものをごくごく薄く切ってせん切りにしますが、塩気がきつければ少し水にさらします。残ったザーサイはラーメンや餃子の具、ごま油で炒めておつまみに。

材料（2人分）
香港麺（乾麺）　2玉
ザーサイ（かたまり）　40g
長ねぎ　½本
桜えび　適量
香菜　適量
◎ごま油　粗びき黒こしょう

①麺はたっぷりの湯でゆで、ザルに上げて水気をきり、ごま油少々をまぶしておく。

②白髪ねぎを作る。長ねぎは5cm長さに切り、縦に切り込みを入れて黄色い芯を除き、繊維に沿ってせん切りにする。氷水にさらして少しおき、シャキッとしたら水気をきる。

③ザーサイはごく薄く切り、できるだけ細いせん切りにする。

④ボウルに①の麺を入れ、白髪ねぎ、ザーサイ、桜えびを加えてあえる。こしょうをたっぷりめにふり、ごま油少々を加えて混ぜ合わせる。器に盛り、香菜をのせる。

のりチーズ

スライスチーズ

スライスチーズと焼きのりを交互に重ねるだけの簡単おつまみ。

チーズと焼きのりはみんなの大好物。この二つを一緒に食べられるように交互に重ねてみたら、すぐに売り切れ。子どもたちにはおやつ、大人にはビールのおつまみになります。スライスチーズは好みのものを使い、何層重ねるのかも自由。ここではチーズ10枚と八つ切りタイプの焼きのり20枚を重ねて厚みを出し、食べやすい大きさにカット。ミモレットやゴーダチーズを使っても。

材料（作りやすい分量）
スライスチーズ　10枚
焼きのり（八つ切り）　20枚

①スライスチーズ1枚の上にのり2枚をおく。その上にチーズを重ねておき、さらにのり2枚をおく。同様にしてすべて重ねる。
②食べやすい大きさに切り分け、切り口を上にして器に盛る。

パルミジャーノだけのスパゲッティ

パルミジャーノ・レッジャーノ

おろしたてのパルミジャーノだけで絶品パスタ。

日本ではパルメザンチーズの呼び名で親しまれているパルミジャーノ．レッジャーノは、イタリア・パルマで作られる長期間熟成された牛のチーズ。うまみ成分が多く、パスタ料理に欠かせません。このチーズを主役に使ったパスタがこちら。すりおろして時間がたったものではなく、かたまりのものをすりおろして使うと、これだけで味も香りもまったく違うものになります。試してみて。

材料（2人分）
スパゲッティ　180g
パルミジャーノ・レッジャーノ　適量
●塩　バター　オリーブオイル

①スパゲッティは塩を加えた湯（湯2ℓに対して塩大さじ1）でゆではじめ、袋の表示時間より1～2分短くタイマーをセットする。
②パルミジャーノ・レッジャーノは、たっぷりとすりおろす。
③フライパンにバター適量、オリーブオイル大さじ1～2を入れて火にかけ、スパゲッティがゆで上がったらトングでつかみ上げて加え、②のチーズを加えて全体にからめる。
④器に盛り、さらにパルミジャーノ・レッジャーノをすりおろしてかける。

クルミ餅

玄米餅

玄米餅は、磯辺巻きだけでなくクルミみそをからめたクルミ餅にして楽しみます。

毎年11～12月、殻に入ったままの信濃クルミを買います。クルミ割り器で1個ずつ殻から出したクルミはすこぶるおいしく、みそ、メープルシロップと合わせたクルミみそも絶品。焼いた玄米餅にからめていただくのが我が家の定番です。玄米餅は、毎年年末にお米屋さんが搗《つ》いたものを買い求め、すぐに食べない分は冷凍していますが、最近は一年中お餅が買えるので手軽に楽しめますね。

材料（2個分）

玄米餅　2個

クルミみそ

クルミ（殻つき）　8個

みそ　大さじ1～1½

メープルシロップ　大さじ1½

＊殻なしのクルミを使う場合は40gくらい。塩味などがついていないものを使う。

① クルミみそを作る。クルミは殻を割って実を取り出し、すり鉢に入れて細かくする。みそを加えてさらにすり混ぜ、メープルシロップを加えてのばす。

② 玄米餅は焼き網やオーブントースターで香ばしく焼く。

③ 焼けたら熱いうちに湯につけ、クルミみそに1個ずつ入れてよくからめる。

2章

冷蔵庫にあれがある

「これさえあれば」のひと手間ストック

「忙しいけれど、おいしいものが食べたい」

「スーパーに寄って帰るのも面倒。コンビニにも飽きた」

そんなときにおすすめの、ストックレシピを紹介します。

冷蔵庫にあれがあった！　と思うだけで気が楽。

下ごしらえをしておくだけで、家でごはんを作る気になります。

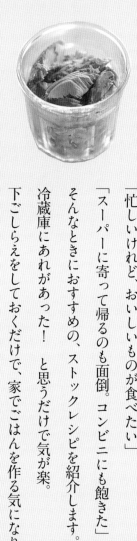

肉のメープルみそ漬け

材料（作りやすい分量）
鶏もも肉　1枚
豚肩ロース肉　1枚
◉みそ　メープルシロップ

①みそ2カップとメープルシロップ1/3〜1/2カップは混ぜ合わせる。
②鶏肉は半分に切り、豚肉はそのまま、それぞれネットに入れる。
③保存容器に①の半量を入れてならし、②の肉を並べ入れ、残りのメープルみそ床をのせて表面をならす。ふたをし、冷蔵庫に入れて2日ほど漬ける。

漬けておけば、いつでも好きなときに食べられます。

メープルシロップを混ぜたみそ床はコクがあるのにすっきりとした甘さで、肉のおいしさを引き立ててくれるのが魅力。漬ける肉は鶏肉、豚肉、牛肉、ラム肉など好みのものならなんでもOKです。私は鶏肉と豚肉を1枚ずつ漬けておき、その日の気分でどちらかを取り出して、グリルで香ばしく焼きます。みそ床は数回使えるので、空いたスペースに新たに肉を漬けておきます。

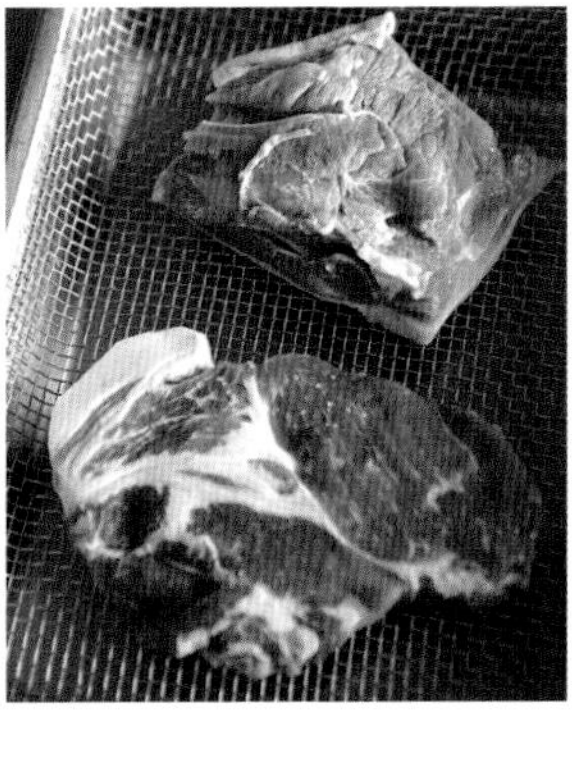

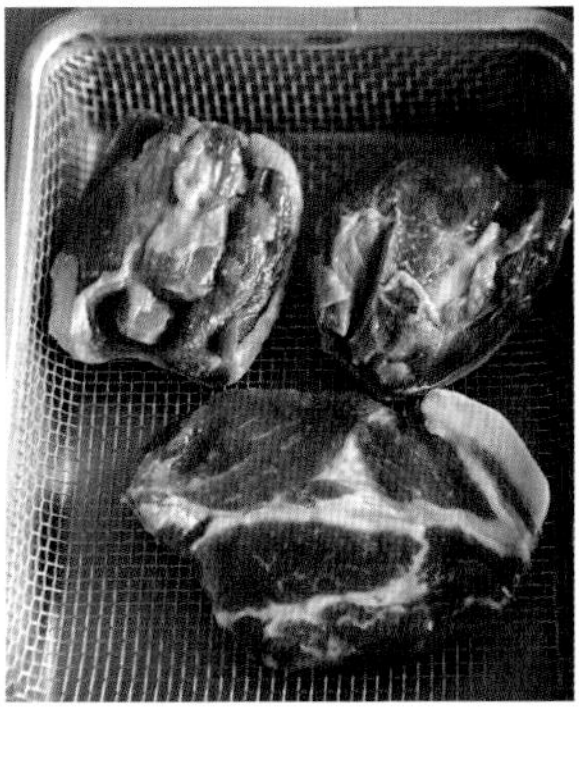

メープルみそ漬け焼き

メープルみそ床から食べたい量だけ肉を取り出し、おいしそうな焼き色がつくまでグリルで焼く。食べやすい大きさに切り分ける。

鶏肉のローズマリーマリネ

材料（1人分）
鶏胸肉（そぎ切りにしたもの）　1枚分
にんにく　1片
ローズマリー　2〜3枝
◎塩　粗びき黒こしょう　オリーブオイル

① にんにくは半分に切って芯を取り、包丁の腹などで押しつぶす。
② 鶏肉をバットに並べ入れ、塩、こしょう各適量をふり、にんにくをのせ、ローズマリーの葉を散らす。
③ オリーブオイル適量を回しかけ、ふたをして1時間以上冷蔵庫に入れておく。3日ほど保存可。

フレッシュなローズマリーがおいしさの引き立て役。

ローズマリーはすきっとしたさわやかな香りが特徴。ラム肉を焼くときによく使われますが、鶏肉との相性もよく、にんにく、オリーブオイルとともにマリネしてから焼くとパンチのある味わいになり、肉のうまみも引き立ちます。ローズマリーはじゃがいもとの相性もいいので、ポテトサラダやフライドポテトを添えると、さらに魅力的な一皿になります。

鶏肉のローズマリー焼き

フライパンを熱して、オリーブオイル少々を鍋底になじませ、にんにくとローズマリーも一緒に鶏肉の皮目を下にして入れる。焼き色がついたら返し、両面おいしそうな焼き色がつくまで焼く。器に盛り、ポテトサラダ（104ページ参照）を添える。

しょうゆ漬けステーキ

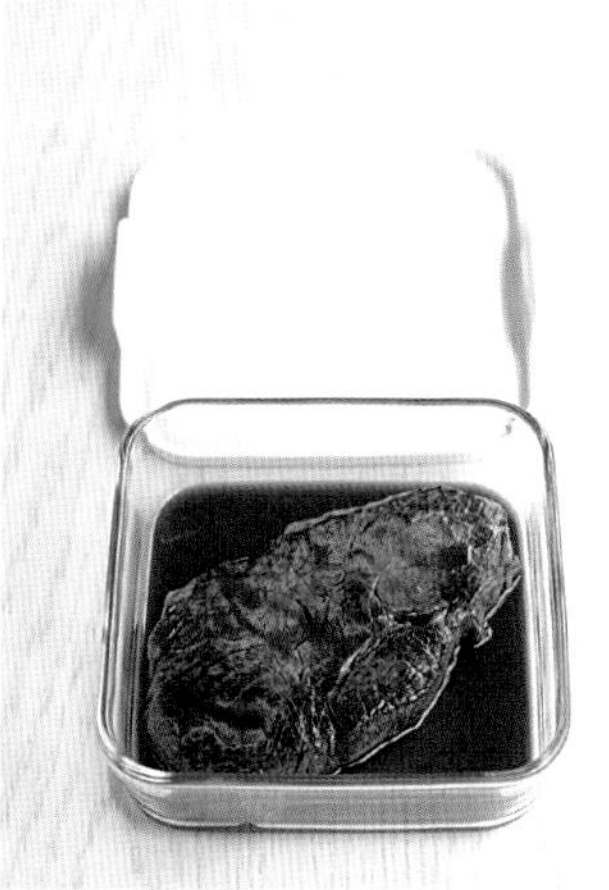

牛肉を少し食べたいから しょうゆ漬けにしておきます。

たまには上質な牛肉を少しだけ楽しみたいというときがあります。そんなときは精肉売り場で好みのステーキ用牛肉を買い求め、塩、こしょうをしないで鉄のフライパンで焼いてステーキに。そのまま食べてもいいですが、熱いうちにしょうゆをかけておくと、冷めてもおいしいまま。まぐろの「づけ」のように食べられます。冷蔵庫に入れておけば、数日楽しめます。

材料（2人分）

牛ランプ肉（ステーキ用）　300g

◎オリーブオイル　しょうゆ

① 牛肉は室温に戻す。

② フライパンを熱してからオリーブオイル適量を入れ、牛肉を入れ、フライパンに張りつかないようにすぐに動かして少し位置を変え、中火で焼く。おいしそうな焼き色がついたら裏返し、好みの焼き加減に焼く。

③ バットに移し、しょうゆ適量をかけ、そのまま粗熱を取る。保存容器に移し、冷蔵庫に入れておく。

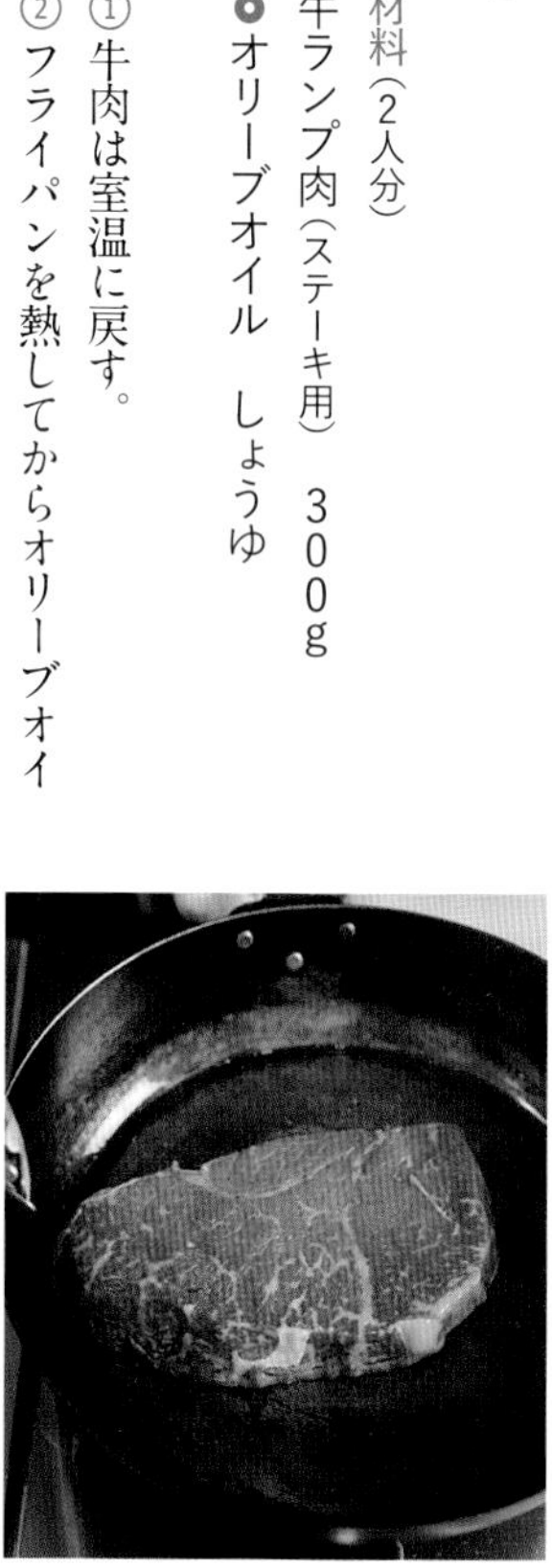

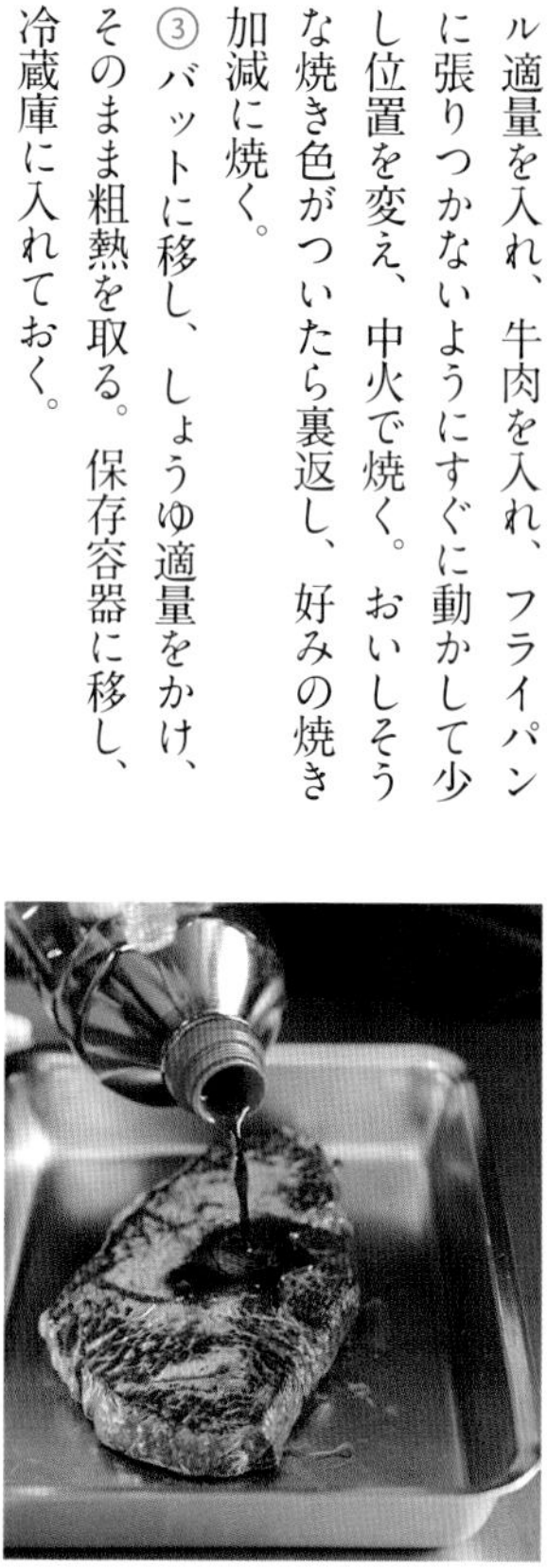

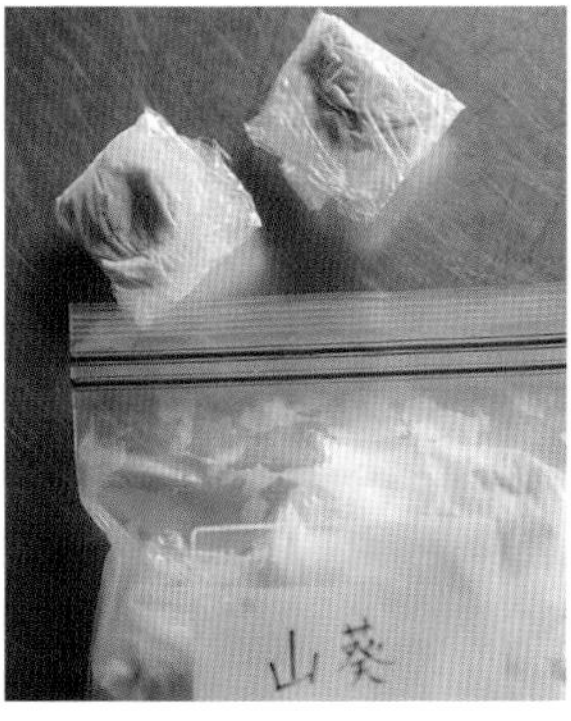

ステーキの「づけ」

食べたい量だけ切り分けて器に盛り、好みで漬けておいたしょうゆを少しかけ、わさびのすりおろしをのせて食べる。
＊わさびは立派でおいしそうなものを買い、皮を薄くむいて一度にすべてすりおろす。1回分ずつ小分けにしてラップで包み、まとめて冷凍用保存袋に入れ、冷凍庫に入れておく。

牛肉の中華マリネ

下味をつけた牛肉と野菜で いつでも青椒肉絲《チンジャオロース》。

酢、ごま油、砂糖、おろしにんにく、片栗粉で下味をつけた牛薄切り肉は、炒めるとうまみが出てやわらかなまま。野菜と一緒に炒め、豆板醤、オイスターソース、しょうゆで味つけすれば、青椒肉絲の味わい。ピーマンのほか、細切りにしたエリンギやゆでたけのこを使うのもおすすめです。牛肉に下味をつけておくかおかないかで、おいしさのレベルがまったく違ってきます。

材料（1人分）
牛赤身肉（焼き肉用）　200g
おろしにんにく　大さじ1
片栗粉　大さじ1
◎酢　ごま油　砂糖

①牛肉は細切りにし、バットに並べる。
②ボウルに酢、ごま油、砂糖各大さじ1、おろしにんにく、片栗粉を入れてよく混ぜ合わせ、①の牛肉に回しかける。ふたをして冷蔵庫に入れておく。すぐに炒めてもよいし、翌日まで入れておいてもよい。

牛肉とエリンギの中華炒め

①中華鍋にごま油を熱し、細切りにしたエリンギ2本分を炒め、塩をふり、いったん取り出す。
②①の中華鍋にごま油少々を足し、マリネしておいた牛肉を入れて炒める。肉の色が変わったら豆板醤小さじ1～2、オイスターソース大さじ1、しょうゆ大さじ1を加えて炒める。
③エリンギを戻し入れ、クレソンの茎またはピーマンの細切り、にんにくの茎など適量を加えて炒め合わせる。

スパイシーそぼろ

多めに作っておくと便利。スパイスの量はお好みで。

ひき肉はにんにくとしょうゆだけで炒めてもおいしいですが、クミンシードやカイエンペッパー、こしょうなどを入れてスパイシーに仕上げるのもおすすめ。スパイスの代わりにカレー粉を使っても。そぼろご飯、チャーハンにするほか、冷奴や冷やしトマトにのせたり、卵焼きに入れたりなどアイデア次第。ひき肉をカリカリになるまでよく炒めるのがおいしさのポイント。

材料（2人分）

豚ひき肉　200g
にんにく　2〜3片
クミンシード　小さじ1
カイエンペッパーまたは粉唐辛子　小さじ1
●太白ごま油　粗びき黒こしょう　しょうゆ

①にんにくはみじん切りにする。

②フライパンに太白ごま油とクミンシードを入れて熱し、にんにくを加えて炒める。香りが立ったら、ひき肉を加えて炒め合わせる。

③ひき肉の色が変わったら、こしょう適量をふり、カイエンペッパーを加えてなじませ、しょうゆ大さじ2を入れて汁気がなくなるまで炒める。

④バットなどに移して粗熱を取り、保存容器に移し、冷蔵庫に入れておく。

スパイシーそぼろご飯

器の半分の高さまでご飯を入れ、スパイシーそぼろ適量をのせ、さらに上からご飯をのせる。万能ねぎの小口切りを散らし、さらにスパイシーそぼろ適量をのせる。

切り身魚のみそ粕漬け

みそと酒粕を合わせたみそ粕で魚がもっとおいしくなる。

魚は毎日食べたいもの。みそ粕床に漬けておけば、毎日魚を買ってこなくても大丈夫。生鮭やぶり、鰆《さわら》、かじき、帆立貝柱などがおすすめ。酒粕の甘さと香り、みその塩気とコクが融合して唯一無二のおいしさになります。みそ漬け同様、違う魚を1切れずつ漬けておいてもいいですね。甘くしたいときはみりんやメープルシロップを加えます。繰り返し2〜3回使えます。

材料（作りやすい分量）

生鮭　1切れ
ぶり　1切れ
◎塩　みそ　酒粕　みりん

①鮭とぶりは半分に切り、バットに並べて軽く塩をふり、冷蔵庫に入れて30分〜1時間おき、水気を拭く。

②みそ1カップと酒粕⅔カップを混ぜ合わせ、みりんを加えてのばす。

③保存容器に②の半量を入れてならし、①の魚をそれぞれネットに入れて並べ入れ、残りの②をのせて表面をならす。ふたをし、冷蔵庫に入れて1〜2日漬ける。

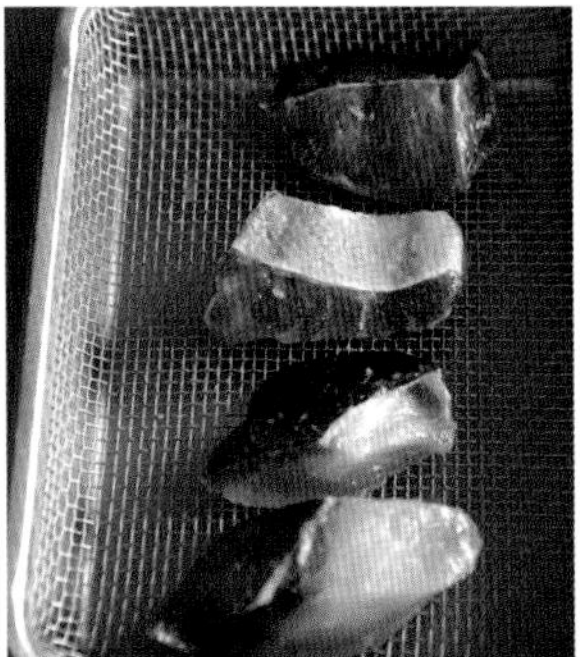

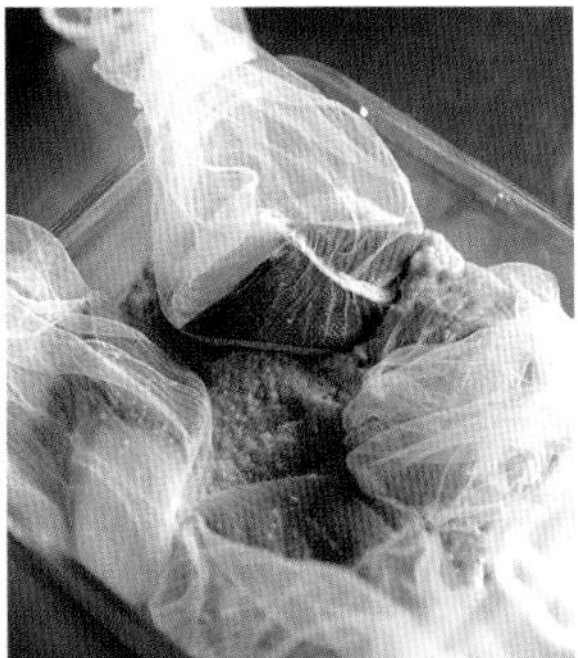

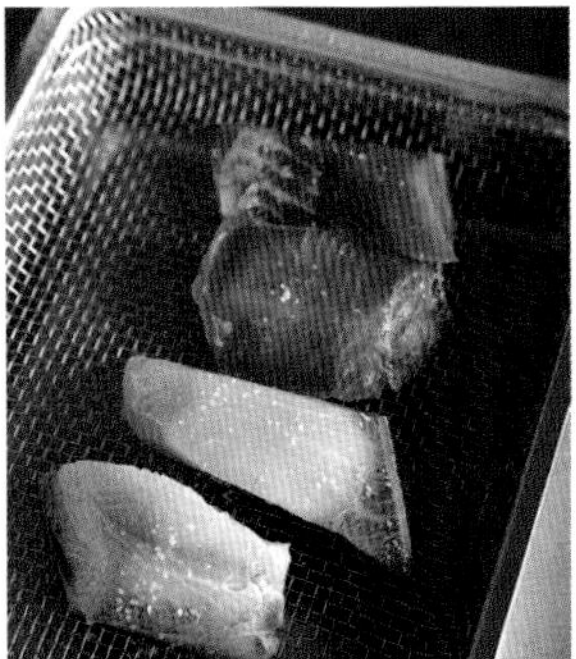

みそ粕漬け焼き

みそ粕床から食べたい量だけ魚を取り出し、グリルに皮目を上にして並べ、皮がパリッとするまで焼く。

ほぐし鮭

こんがり焼いて
大きめにほぐして保存瓶へ。

市販のものはそぼろ状になっていたり添加物が入っていたりと、おいしいと思えるものがなかなかありません、だったら、おいしい甘塩鮭か辛塩鮭を買ってきて自分で作るのが一番。ポイントは皮がカリッとするまで香ばしく焼くこと。焼けたら身と皮を別にし、身は大きめにほぐし、皮は刻みます。お茶漬けや焼きめし、お弁当にも。お茶漬けは私は番茶派ですが、緑茶でも。

材料（2人分）
甘塩鮭または辛塩鮭　2切れ

①鮭はグリルや焼き網などでこんがりと焼く。皮がカリカリになるまで焼く。
②まだ熱いうちに皮だけ別にし、包丁で刻む。身は骨を除いて大きめにほぐす。身と皮を保存容器に入れて冷蔵庫に入れておく。

鮭茶漬け

ご飯に白炒りごまをふってもみのりを散らし、ほぐし鮭をのせ、熱々の番茶を注ぐ。

塩水えび

塩水につけておくとプリプリの食感になります。

スーパーで売られているえびのほとんどは冷凍ものを解凍したもの。冷凍えびをおいしく調理するには、前もって塩水につけておくのがおすすめです。海水に近い濃度3％の塩水（水1カップに対して塩小さじ1程度）につけて冷蔵庫に半日ほど入れるとプリプリの食感に。

材料（作りやすい分量）
えび（無頭・殻つき）　大8〜9尾
●塩

①えびは塩水（水1カップに対して塩小さじ1）に浸し、冷蔵庫に入れて半日ほどおいておく。

えびニラ玉

①塩水えびは水気をきって殻と尾を除き、背に包丁を入れて背ワタを取って開き、2〜3等分に切る。
②卵3個に塩少々を加えて溶きほぐす。中華鍋に太白ごま油を多めに熱して卵を入れ、大きく混ぜてふんわりと火を通し、いったん取り出す。
③②の中華鍋に太白ごま油少々を足してえびを炒め、ニラ1束をざく切りにして加え、さっと炒める。卵を戻し入れて混ぜ、塩、こしょうをふる。

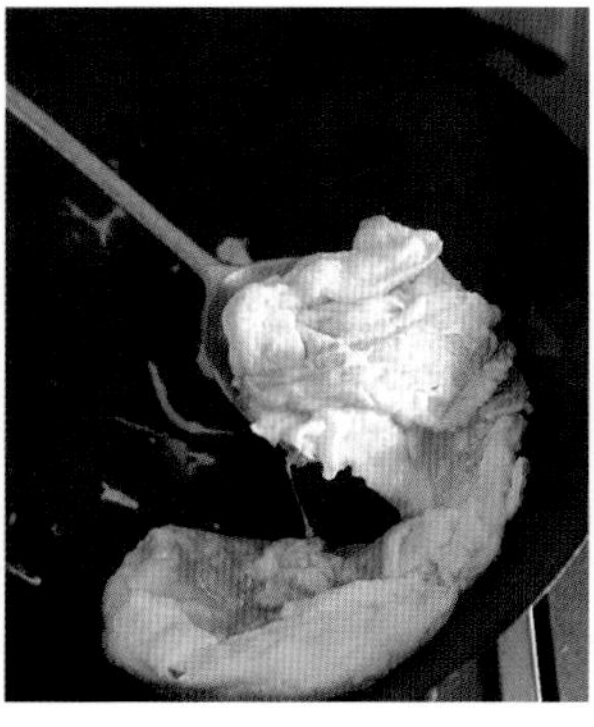

しらすの酢漬け

酢に漬けておくと日持ちがして、いろいろに使い回せます。

しらすは塩ゆでしたものが「釜揚げしらす」、それを天日干しにしたものが「しらす干し」ですが、しらす干しであっても比較的足が早くて傷みやすいので、早めに食べきることが大事です。私はすぐに食べない分は酢につけて冷蔵庫へ。酢のおかげで保存がききます。しらすおろしにしてゆで野菜にのせたり、きゅうりの塩もみとあえて酢のものにします。

材料（作りやすい分量）
しらす　適量
◎酢

①保存瓶にしらすを入れ、酢をひたひたに注ぎ入れる。冷蔵庫に入れておく。3～4日保存可。

ほうれん草のしらすおろし

①鍋にたっぷりの湯を沸かし、塩少々を加え、ほうれん草の根元を入れ、ひと呼吸おいて葉を沈め、ゆでる。すぐに冷水に放し、水気を絞る。食べやすい長さに切ってさらに水気をギュッと絞る。
②大根おろしはザルに入れて自然に水気をきる。
③器にほうれん草を盛り、大根おろしをのせる。しらすの酢漬けをのせ、しょうゆをかける。

しらすのオイル漬け

材料（作りやすい分量）
しらす　適量
◎オリーブオイル

①保存瓶にしらすを入れ、オリーブオイルをひたひたより少なめに注ぎ入れる。冷蔵庫に入れておく。1週間ほど保存可。

オリーブオイルとしらすの相性も二重丸。

88ページの「しらすの酢漬け」と並んでストックしているのがオイル漬け。オリーブオイルに漬けることによってしらすの劣化を気にせず、おいしく使いきることができるのが魅力です。私がよく作るのはしらすトースト。パンにたっぷりのせてチーズをふってオーブントースターで焼くと、オリーブオイルがパンにしみ込んで美味。ピッツァにのせてもいいですね。

しらすトースト

食パンにしらすのオイル漬けをたっぷりとのせ、パルミジャーノ・レッジャーノをすりおろしてのせ、オーブントースターでこんがりと焼く。

じゃこナッツ

そのままおつまみに。
ご飯やサラダのトッピングにも。

じゃこもナッツもカリッと香ばしく揚げると、ビールやハイボールのおともに最適。別々に食べてもいいのですが、この二つを混ぜるとさらに味がよく、つい手が伸びてしまうおいしさです。揚げ油はオリーブオイルか太白ごま油、米油で。最初にナッツを揚げてからじゃこを揚げてください。じゃこを先に揚げると油が汚れてしまい、ナッツがおいしく揚がりません。

材料（2人分）
じゃこ　100g
カシューナッツ（生）　1袋（40g）
◎揚げ油　塩

①揚げ鍋にオリーブオイルまたは太白ごま油を入れ、油がまだ冷たいうちにカシューナッツを加えて火にかける。徐々に温度を上げながら、表面だけでなく、中までカリッとするように、じっくりと揚げる。色づいてきたら網にのせて油をきり、熱いうちに塩をふる。

②①の揚げ油の温度を下げ、じゃこを適量ずつ入れ、きつね色になってカリッとするまで揚げる。ペーパータオルを敷いた網にのせて油をきり、熱いうちに塩をふる。

③冷めてから①と②を合わせ、保存容器に移し、冷蔵庫に入れておく。

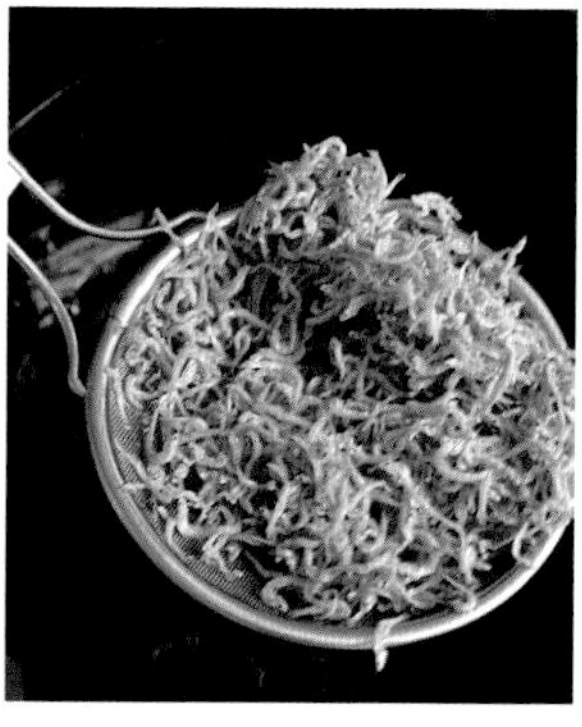

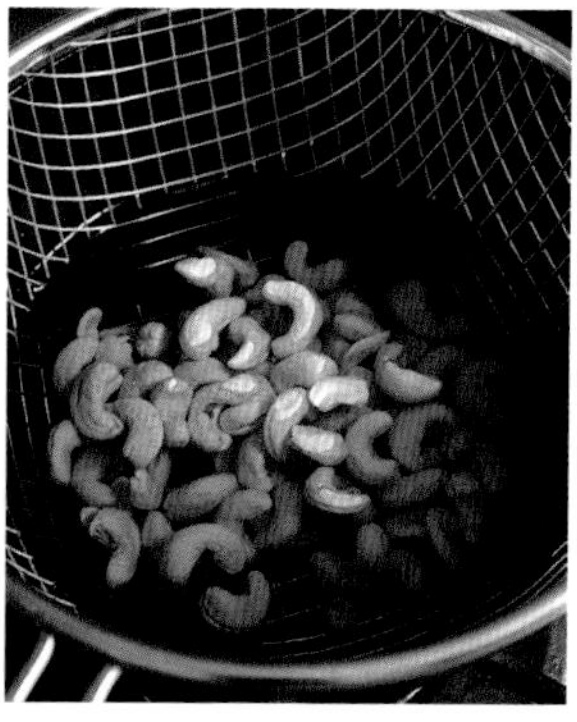

じゃこナッツご飯

玄米ご飯を器に盛り、じゃこナッツをのせ、好みでちぎった赤唐辛子をのせる。

ツナマヨ

パンを買って帰れば
すぐにサンドイッチ。

大人も子どもも大好き、アレンジしやすいのがツナペースト。ツナをフードプロセッサーにかけてペースト状にし、玉ねぎ、マヨネーズ、塩、こしょうと混ぜたもの。今はツナを粗めにほぐしてボリューム感を出し、パンにのせてサンドイッチにしています。グラハム食パンやライ麦入り食パンなどとよく合います。玉ねぎは水にさらして辛味を抜いてから使ってください。

材料（2人分）
ツナ缶　2缶
玉ねぎ　1個
◎マヨネーズ　塩　粗びき黒こしょう

①ツナは油をきってボウルに入れ、ゴムべらやフォークなどで細かくほぐす。
②玉ねぎはみじん切りにして水にさらし、水気をしっかりときる。玉ねぎが辛ければ塩もみしてから水にさらす。
③①に玉ねぎを加えて混ぜ、マヨネーズ大さじ2、塩、こしょう各少々を加えて混ぜ合わせる。保存容器に移し、冷蔵庫に入れておく。

ツナサンド

グラハム食パン（サンドイッチ用）を2枚1組にし、1枚にはツナマヨをパンの端まできっちりのせ、もう1枚には粒マスタードをぬり、サンドする。ラップで包んで少し落ち着かせ、ラップをはずして切り分ける。クレソンなどを添える。

油揚げのめんつゆ煮

煮ておいた油揚げで主食も主菜もすぐできます。

油揚げはおいしくて安価で、栄養たっぷり。面倒な下ごしらえもほぼなくて、食べやすい、と超がつくほど便利な食材。焼き網で焼いたり、野菜と一緒に炒めたり、みそ汁に入れたりと毎日使うほどですが、最近私が常備しているのが、めんつゆ煮。甘辛味に煮ておくと、きつねうどんにしたり、卵とじにしたり、お弁当に入れたり……と何かと重宝します。

材料（2人分）

油揚げ　3枚
めんつゆ（126ページ参照）　1カップ
だし汁（かつおだし）　½カップ
●メープルシロップまたは砂糖

①油揚げは湯にさっと通して油抜きをし、水気をしっかりきって1〜2cm幅に切る。

②鍋に①、めんつゆ、だし汁、メープルシロップ少々を入れ、汁気が少なくなるまで煮る。

③保存容器に煮汁ごと移し、冷蔵庫に入れておく。

油揚げ煮の卵とじ

めんつゆ煮適量を煮汁ごと鍋に入れ、煮汁が少なければだし汁や水をひたひたになるように足し、火にかける。煮立ってきたら溶き卵1個分を回し入れ、半熟程度に火を通す。仕上げに実山椒のつくだ煮を散らす。ご飯にのせてもおいしい。

しらたきのチリチリ

チリチリになるまで
ひたすら炒めるのがポイント。

56ページで紹介した「たたきこんにゃくのピリ辛」のしらたきバージョンですが、とにかくひたすら炒めるのがおいしさのコツ。まずはごま油でしらたきの表面がチリチリするまで水分を飛ばしながらよく炒め、調味料を入れたらさらにチリチリするまで炒めます。しらたきがこんなにおいしいなんて！　と思うはず。お酒のアテにちょっとつまんだり、ご飯のおかずにどうぞ。

材料（作りやすい分量）

しらたき　1袋

◎ごま油　酒　しょうゆ　七味唐辛子

①しらたきは食べやすい長さに切って下ゆでし、ザルに上げて水気をきる。

②鍋にごま油小さじ1を熱してしらたきを入れ、しらたきの表面がチリチリするまで水分を飛ばしながらよく炒める。

③酒大さじ1、しょうゆ小さじ2を加え、さらにチリチリするまで炒め、仕上げに七味唐辛子適量を加えて混ぜる。保存容器に移して、冷蔵庫に入れておく。

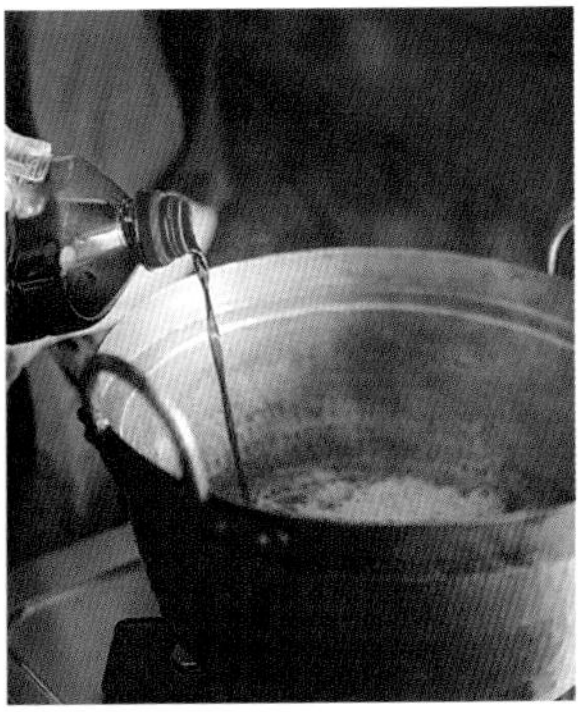

そのまま酒の肴に。

ひじきの炒め煮

1袋まとめて戻し、シンプルに味つけして保存。

私がいつも使っているのは房州ひじき。主軸の部分を一定の長さで干したもので、茎ひじきとも言われています。うまみと歯応えがあり、煮ものや炒めものにするとひじきのおいしさがしっかりと味わえます。ひじきというと具がいろいろ入った煮ものが定番ですが、私はひじきだけを炒め煮にします。絹さやをのせたり、油揚げを混ぜたりして、シンプルに楽しみます。

材料（作りやすい分量）
長ひじき（乾燥）　1袋（50g）
◎太白ごま油　酒　みりん　しょうゆ

① ひじきはたっぷりの水に10〜15分浸し、歯応えが少し残る程度に戻す。洗ってザルに上げて水気をきり、食べやすい長さに切る。戻すと約7倍になる。
② 鍋に太白ごま油少々を熱し、水気をきったひじきを入れて強火で炒める。酒大さじ4、みりん大さじ3、しょうゆ大さじ4を加え、汁気がなくなるまで煮る。
③ バットにあけて広げて冷まし、保存容器に移して冷蔵庫に入れておく。

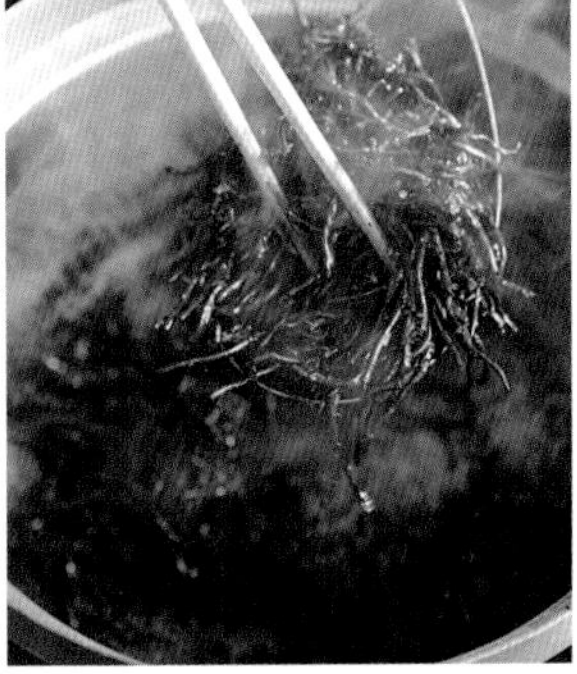

そのままおかずに。
食べる分だけ器に盛り、斜め細切りにしてさっとゆでた絹さやをのせる。

パリッとさせた葉野菜

材料（作りやすい分量）
クレソン、水菜、春菊、レタス類、ディルなど好みの葉野菜　好きなだけ

①大きめのボウルに冷水を入れ、葉野菜の根元を下にしてつけ、しばらくおいてシャキッとさせる。
②水気をきり、ザルを重ねたボウルに入れ、ふたをし、冷蔵庫に入れておく。

すぐに食べられるように葉野菜はボウルに準備。

葉野菜は根元を冷水につけてしばらくおくと、生えていたときのようにピンとなり、元気が蘇ります。買ってきたときはしなびたように見えた野菜も冷水につけておくと元気になります。このシャキッとさせた野菜の水気をきりステンレスボウルに入れて、冷蔵庫に入れておけばパリッ。ここではサラダがもりもり食べたくなる、ベーコンドレッシングを紹介します。

ベーコンドレッシングのサラダ

①冷蔵庫に入れてパリッとなった葉野菜を、食べやすい大きさに切ってボウルに入れる。玉ねぎの薄切り適量も入れる。
②ベーコンの薄切り3〜4枚を細かく切り、オリーブオイル少々でカリカリに炒め、ワインビネガー大さじ1、塩、こしょう各少々を加えて混ぜ合わせる。アツアツのうちに①に加えてよくあえる。

ビネガーあえのゆでじゃがいも

材料（作りやすい分量）
じゃがいも　3〜4個
●塩　ワインビネガー

①じゃがいもは皮をむいて水にさらし、食べやすい大きさに切る。塩水にしばらくつけてアクを抜く。
②鍋に湯を沸かして塩少々を入れ、じゃがいもを加え、やわらかくなるまでゆでる。
③ゆで汁をきってボウルに入れ、まだ熱いうちにワインビネガー適量、塩少々をふってあえる。ふたをして冷蔵庫に入れておく。

いつものポテトサラダがぐっとおいしくなる秘訣。

ポテトサラダをおいしく作るポイントは、じゃがいもをゆでたら熱いうちにワインビネガーをまぶしておくこと。ワインビネガーの代わりに酢を使ってもＯＫ。こうするとじゃがいもに下味がついてマヨネーズもなじみやすくなり、深みのある味に仕上がるんです。時間のあるときにここまでやって冷蔵庫に入れておけば、あとは食べる直前にマヨネーズと好きな具を混ぜるだけ。

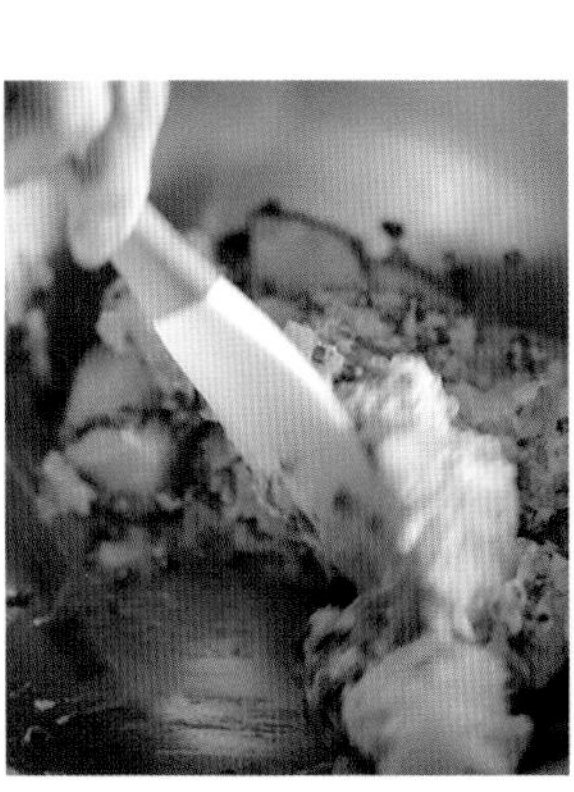

シンプルポテトサラダ

ビネガーをかけておいたじゃがいもに、粗びき黒こしょう適量、あさつきの小口切り5~6本分、イタリアンパセリのみじん切り適量、オリーブオイル少々、マヨネーズ適量の順に加えてあえる。

冷凍ゆでじゃがいも

自家製フライドポテトがいつでも作れます。

じゃがいもは、食べたいときにすぐ使えるようにまとめてゆでておきますが、ポイントは塩水につけてからゆでること。こうすることででんぷん質がとれて、カリッと仕上がります。フライドポテト用にゆでるときは、あとで揚げることを考えてちょっとかためにゆで、冷ましてから冷凍庫へ。好きなときに食べたい量を取り出して冷凍のまま揚げます。

材料（作りやすい分量）

じゃがいも　3〜4個

◎塩

①じゃがいもは皮をむいて食べやすい大きさに切る。塩水にしばらくつけてアクを抜く。

②鍋に湯を沸かして塩少々（分量外）を入れ、じゃがいもを加えて少しかためにゆでる。5分が目安。

③ゆで汁をきって冷まし、冷凍用保存袋に入れ、冷凍庫に入れておく。

フライドポテト

揚げ油適量を強めの中火にかけ、凍ったままのじゃがいもを入れ、油の温度を徐々に上げながらきつね色に揚げる。2度揚げするとカリッとする。熱いうちに塩少々をふる。

残り野菜の塩もみ

野菜は塩でもむだけでおいしくなります。

野菜を塩もみすると余分な水分が抜けてほどよい塩分と相まって、野菜のうまみをより感じることができます。カサが減ってたくさん食べられるのも魅力。キャベツ、小松菜、にんじんなど、中途半端に残った野菜ならなんでも。少量ずつ残っていたら全部合わせて塩もみし、重しをします。適当な容器がなければ、保存袋に入れてボウルやバットで重しをしておいても。

材料（作りやすい分量）

小松菜、キャベツ、にんじん、大根など　適量

◎塩

①小松菜、キャベツなどの葉野菜は食べやすい大きさに切る。にんじん、大根はごく薄い半月切りにする。

②ボウルに①を入れ、塩適量（野菜の重量の1.5％）をふって軽くもむ。

③漬けもの容器（またはボウル）に入れ、しっかりと重しをし、野菜がしんなりして味がなじむまでしばらくおく。

簡単浅漬け

水気をギュッと絞って器に盛り、あればゆずなど柑橘類の果汁を搾る。

玉ねぎドレッシング

サラダだけでなく
ソースとしても万能です。

冷蔵庫に玉ねぎドレッシングがあると助かります。玉ねぎをみじん切りしてオリーブオイル、ワインビネガー、塩、こしょうで混ぜたもの。このドレッシングが優れもので、サラダに使うほか、肉や魚のソテー、ハンバーグ、フライにもよく合います。冷蔵庫に入れておくとオリーブオイルがかたまりますが、冷蔵庫から出して少しおくと元の状態に戻ります。

材料（2人分）
玉ねぎ　大1個
◎オリーブオイル　ワインビネガー　塩
粗びき黒こしょう

①玉ねぎはみじん切りにして水にさらし、水気をしっかりときる。
②①をボウルに入れ、オリーブオイルとワインビネガーを3対1の割合でひたひたに加え、塩、こしょうをふって混ぜ合わせる。
③保存容器に移して冷蔵庫に入れておく。2〜3週間保存可。

ぶりとトマトのドレッシングがけ

①にんにく1片を包丁の腹でたたき、オリーブオイル大さじ1とともにフライパンに入れて熱し、ぶり2切れを入れて両面焼く。にんにくが焦げてきたらぶりの上にのせて焼き上げる。
②器に盛り、輪切りのトマトを添えて玉ねぎドレッシングをかけ、イタリアンパセリのみじん切りを散らす。

グリーンソース

ハーブで作るソースです。これさえあればイタリア風。

オリーブオイルと香りのよいハーブをミックスした、イタリア料理に重宝するソースです。パセリ、ディル、ルッコラは変色しにくいので保存がききます。バジルを入れると変色しやすいので、すぐに使いきるようにします。フレッシュ感たっぷりのすっきりとした味で、カルパッチョ、アボカド、じゃがいも、ゆでた豆、パスタ、ドレッシングのベースによく使います。

材料（作りやすい分量）
イタリアンパセリ　適量
ディル　適量
ルッコラ（あれば）　少々
◎粗塩　オリーブオイル

①イタリアンパセリ、ディルは茎の部分を除き、合わせて手のひらに山盛りになる程度、用意する。ルッコラは葉を摘む。
②①をミキサーに入れ、塩少々、オリーブオイルを加えて撹拌《かくはん》し、なめらかなソース状にする。なめらかさはオリーブオイルの量で調整する。
③保存容器に移して冷蔵庫に入れておく。1週間ほど保存可。

たこのカルパッチョ

①小さめの玉ねぎを薄い輪切りにして水にさらし、水気を拭いて器に広げてのせ、たこの刺し身を並べ、ヘタを取って半分に切ったミニトマトをのせる。②グリーンソースをかけ、塩少々をふってレモンを添える。好みで、ちぎった赤唐辛子、イタリアンパセリを散らす。

塩ゆず

ゆずの季節に作りたい自家製の塩ポン酢。

ゆずの季節にはたくさんのゆずをいただくことがあります。フレッシュなおいしさを無駄にしたくないから、新鮮なうちに果汁を搾って塩を加えて塩ポン酢を作ります。

ポン酢しょうゆの塩版といったところ。ゆずの果汁2個分に対してゆずの皮を1個分すりおろして加えるときれいな色に仕上がり、自家製ならではのおいしさ。あえもの、蒸し野菜、焼き魚、鍋ものなどに。

材料（2人分）

ゆず　2個

●塩

① ゆずはよく洗い、そのうち1個は黄色い皮の部分をすりおろす。白いワタの部分は苦いので、一緒にすらないようにする。

② ①のゆずを横半分に切り、果汁を搾る。残り1個のゆずも横半分に切って果汁を搾る。

③ 小瓶に注ぎ入れ、塩小さじ½を加えてふたをし、手で瓶をふって混ぜる。冷蔵庫に入れておく。1週間ほど保存可。冷凍すれば数ヶ月保存可。

ぶりの塩ゆずがけ

ぶりに塩少々をふってグリルなどで焼き、器に盛り、ゆでた青菜を添える。大根おろしをのせ、塩ゆずをかける。

浸水させた玄米

朝にセットしておき、
帰宅したら炊きます。

白いご飯も好きですが、よく炊くのが玄米ご飯。玄米はもみ殻だけを取り除いたものなので、ミネラルやビタミン、食物繊維を豊富に含んでいるのが特徴。白米とはまったく違う食感や独特の香りがあり、かむほどにおいしさが広がるのが魅力です。といっても帰宅してから準備をはじめると時間がかかるので、帰宅したらすぐに炊けるように準備しておくとスムーズです。

材料（2カップ分）
玄米　2カップ

① 玄米は洗ってザルに上げ、カムカム鍋（玄米を炊くための陶器の内釜で、圧力鍋に入れて使う）に水2カップとともに入れてふたをする。

② ①を圧力鍋の中に入れ、カムカム鍋の外側に、圧力鍋の高さの半分まで水を注ぎ入れる。好みで大麦を加えてもよい。

玄米ご飯

①圧力鍋のふたをして強火にかけ、シューッといったら火を弱めて55分炊く。②火を止めてすぐに圧力を下げ、ふたを取ってほぐす。できればおひつに移す。おひつに入れると、木がご飯の余分な水分を吸ってくれておいしくなる。

冷凍玄米ご飯

玄米ご飯は1回分ずつ冷凍。

玄米ご飯は2カップ分ずつ炊くので、その日食べない分は冷凍庫へ。冷凍するときはご飯が温かいうちにラップで包むこと。こうすると水分が蒸発しないので、解凍したときにパサつかず、おいしくいただけます。ここで紹介するのは、最もシンプルでおいしい焼きめし。にんにくにじっくりと火を通してきつね色にし、玄米ご飯を香ばしく焼きつけるのがポイントです。

材料(2カップ分)
玄米　2カップ

①玄米は116ページを参照して炊き、ほぐす。できればいったんおひつに移す。
②ラップを広げ、まだ温かい玄米ご飯をお茶碗1杯分ずつのせ、米粒を押しつぶさないようにしてふんわりと包む。
③粗熱がとれたら冷凍用保存袋に入れ、冷凍庫に入れておく。

にんにくおかか焼きめし

①冷凍玄米ご飯はレンジ加熱して温める。
②中華鍋に太白ごま油大さじ2とにんにくのみじん切り2片分を入れ、にんにくがきつね色になって香ばしくなるまで弱火でじっくり炒める。
③玄米ご飯を加えて炒め合わせ、削り節をたっぷり入れる。鍋肌からしょうゆ適量をたらし、玄米ご飯を焼きつけるようにしながら炒める。器に盛り、万能ねぎの小口切りをふる。

半ゆでショートパスタ

半ゆでにしておいても
おいしさは変わりません。

太めのパスタやペンネなどのショートパスタはゆで時間が長いので、あらかじめ3〜4分ゆでて半ゆで状態にし、ザルに上げてゆで汁をきり、オリーブオイルをまぶして油分をきっておきます。ここまでしておくと、いざ食べようと思う少し前に2分ほどゆで直し、ソースと合わせるだけでよくなります。シンプルなトマトソースなら簡単なので、こちらも作りおきしてもいいですね。

材料（作りやすい分量）
ショートパスタ（好みのもの）　適量
●塩　オリーブオイル

①鍋にたっぷりの湯を沸かし、塩（湯2ℓに対して塩大さじ1½）を加え、ショートパスタを入れてすぐにかき混ぜ、ゆではじめる。
②3〜4分したらザルに上げてゆで汁をきり、ボウルに重ねてオリーブオイル適量をまぶす。冷めたらふたをして冷蔵庫に入れておく。

トマトソースパスタ

①トマトソースを作る。トマトパッサータ1瓶（500g）、包丁の腹でたたいたにんにく1片分、オリーブオイル大さじ2〜3を鍋に入れて火にかけ、ときどき混ぜながら、鍋底に木ベラの跡がつくくらいまで煮詰める。
②半ゆでショートパスタを2分ほどゆで、ゆで汁をきってボウルに入れ、①のトマトソース、パルメザンチーズのすりおろし各適量を加えて混ぜる。
③器に盛り、あればモッツァレラチーズ½個、バジル適量をのせる。

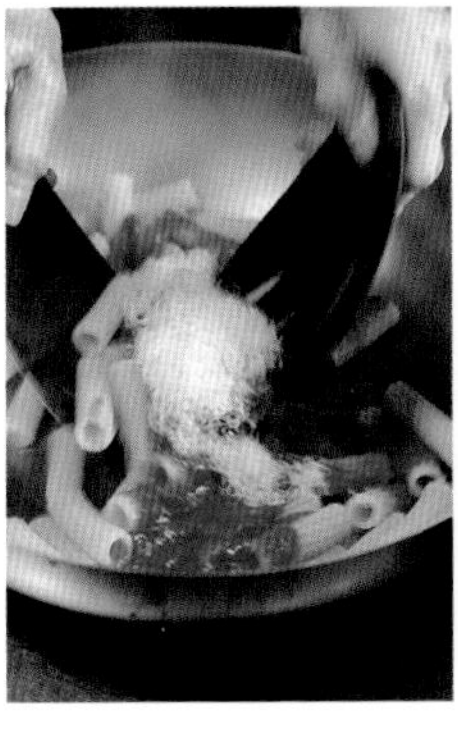

卵に浸した食パン

前夜に浸して冷蔵庫へ。
朝食が楽しみになります。

牛乳やバターを使ったフレンチトーストも好きですが、最近は卵だけで作ることがよくあります。フレンチトーストと同じようにパンを卵液に浸して一晩おき、卵液がしっかりとしみ込んだパンをオリーブオイルで焼き上げます。器に盛ってメープルシロップをかけ、カリカリに焼いたベーコンをのせて完成。ベーコンの塩味が加わって、朝から元気が出ます。

材料（2人分）
食パン　2枚
卵　2個

①卵をバットに割り入れ、白身を切るように混ぜ、食パンを浸す。
②冷蔵庫に入れ、数時間〜一晩おいて卵液をしっかり吸わせる。

ベーコンのせ卵パン

①フライパンを熱してオリーブオイル少々をひき、卵に浸しておいた食パンを入れ、おいしそうな焼き色がつくまで、中火で両面焼く。器に取り出し、メープルシロップ適量をかける。

②①のフライパンにベーコン4～5枚を入れ、カリカリになるまでよく焼き、食パンの上にのせる。

野菜スープ

野菜だけのスープは体にやさしい。

野菜だけでスープをとります。調理中に出たクズ野菜や、冷蔵庫にある野菜5〜6種類も適当に刻んで鍋にぽんぽん入れていき、にんじんの皮やセロリの葉、パセリの軸なども入れ、水を加えてコトコトと煮ます。塩もこしょうもなし、ザルで漉《こ》せばでき上がり。そのままスープにしてもいいし、スープストックとして冷凍保存しても。自然のうまみだけの、体にしみ入るおいしさです。

材料（作りやすい分量）

にんじん　1本
セロリ（葉も含む）　½本
玉ねぎ　½個
キャベツ　大3〜4枚
水菜やほうれん草の茎など　適量
にんにく　2片
しょうが　1片

① にんじんは皮ごと適当な大きさに切り、セロリ、玉ねぎ、キャベツはざく切りにする。にんにくは皮をむき、しょうがは厚めに切る。調理中に出たクズ野菜も使う。

② 鍋に①を入れ、水をかぶるくらい注ぎ入れ、火にかける。煮立ったらアクを取り、弱火で20〜30分煮る。

③ ザルで漉す。冷めたら保存容器に移して冷蔵庫、または保存袋に入れて冷凍庫へ。

シンプル野菜スープ

そのまま温めて、または塩と粗びき黒こしょうで好みの味つけをして。小さく切ったトマトとイタリアンパセリのみじん切りを加えても。

めんつゆ

めんつゆは自分好みの味がいい。

めんつゆをまとめて作っておくと本当に重宝します。市販のものは私には甘すぎて口に合わないので、甘さ控えめなものを作るようにしています。自分好みの味だから、そばつゆだけでなく、肉豆腐やすき焼きもこのめんつゆがあれば間違いなしのおいしさ。おいしくするために材料はできるだけ上質なものを使用。普段のごはん作りに使うものこそ大事に考えたいですね。

材料（作りやすい分量）
昆布　10cm
削り節（厚削り）　50g
煮干し（腹ワタを取ったもの）　50g
◎みりん　しょうゆ

①鍋に昆布、削り節、煮干し、水6カップ、みりん250㎖、しょうゆ250㎖を入れて火にかけ、クツクツとした状態で、水分が1カップほど蒸発するまで20〜25分煮出す。
②大きめのボウルにザルをのせ、ぬらして絞ったさらしをかぶせ、煮汁を注いで漉す。
③さらしを包んでそのままおき、自然に煮汁が落ちるまでそのままおく。保存容器に移して冷蔵庫に入れておく。

肉豆腐

①土鍋にめんつゆ、食べやすい大きさに切った焼き豆腐を入れて火にかけ、めんつゆをかけながら焼き豆腐を温める。②牛肉(すき焼き用)を1枚ずつ広げて入れ、ひと煮したら、せりをざく切りにして加え、さっと煮る。器に取り、粉山椒をふる。

おまけの章

思い立ったときに少しだけ「これさえあれば」の小さな愉しみ

毎日お菓子を食べたいわけではないけれど、
ちょっと甘いものが食べたいなと思うときがあります。
そんなときに作るのが、食べきりサイズの手作りおやつ。
卵1個で作るパンケーキ、小麦粉1カップで作るスコーンなど、
覚えやすい分量と手順なら、ちょっとやってみたくなります。

卵1個のパンケーキ

卵

ふんわり、やさしい食感。手作りならではのおいしさです。

メレンゲ入りのパンケーキはふんわりとして軽く、やさしい食感。上手に作るポイントは、卵白をよく泡立ててしっかりとしたメレンゲにすること、メレンゲの泡をつぶさないようにふんわりと混ぜること。生地感を楽しみたいから、温かい溶かしバターとメープルシロップをかけてシンプルにいただくのがいいですね。ホットプレートでもフライパンでも作れます。

材料（作りやすい分量）
卵　1個
牛乳　大さじ2
小麦粉（薄力粉）　大さじ3
ベーキングパウダー　小さじ$\frac{1}{3}$
◎グラニュー糖　オリーブオイル　バター　メープルシロップ

①卵は卵黄と卵白に分ける。
②ボウルに卵黄と牛乳を入れてゴムべラで混ぜ合わせ、小麦粉とベーキングパウダーを加えてムラなく混ぜる。
③別のボウルに卵白を入れてハンドミキサーで撹拌し、グラニュー糖大さじ1を加え、角が立つまでしっかりと泡立ててメレンゲを作る。②のボウルに2〜3回に分けて加え、その都度ゴムべラでさっくりと混ぜる。
④ホットプレートにオリーブオイルをひいて中温に熱し、③の生地を3等分にしてのせ、ふたをして両面3〜4分ずつ焼く。
⑤器に盛り、バター20g、メープルシロップ大さじ2を合わせてレンジ加熱して温め、上からかける。

りんご1個の甘煮

りんご

材料はいたってシンプル。
レモン汁とグラニュー糖で
やわらかく煮るだけです。

家にりんごがある、でも疲れていたり時間がなかったりすると、皮をむいて切るだけでも面倒……ということもありますよね。りんごが煮てあると、ちょっとうれしい。さらに、りんごそのもののおいしさだけでなく、りんごとレモンの香りと甘さ、酸味を存分に楽しめるのが魅力。シナモンパウダーをふったり、トーストにのせたり、アイスクリームを添えてデザートにしても。

材料（1個分）
りんご（ふじ）　1個
レモンの搾り汁　1個分
◎グラニュー糖

①りんごはくし形に切り、皮をむいて芯の部分を除く。切ってすぐにボウルに入れ、レモンの搾り汁を加えてあえる。グラニュー糖大さじ3をふりかけ、全体に混ぜる。
②鍋にりんごを放射状に並べ、ボウルに残ったレモンの搾り汁も入れ、中火にかける。沸騰したらオーブンシートで落としぶたをし、りんごが半透明になるまで煮る。焦がさないように火力を調節する。
③オーブンシートを取り、りんごをときどき返しながら煮て汁気を飛ばす。その日食べない分は保存容器に移し、冷蔵庫または冷凍庫に入れておく。

いちご1パックのジャム

いちご

いちご1パックで1瓶。
手軽に作れて
飽きずに食べきれます。

ジャム作りと聞くと大量のフルーツと瓶が必要だと思いがち。でも、ここで紹介するのは、いちご1パックで作るジャム。ポイントは、いちごにグラニュー糖をふりかけて少しおいていちごの水分を出すこと。いちごがふっくらやわらかくなるまで弱火で煮ること。それからフォークでつぶします。レモンの搾り汁を入れるととろみがつき、鮮やかなきれいな色に仕上がります。

材料（作りやすい分量）
いちご　1パック（250g）
レモン　大½個
◎グラニュー糖

①いちごはヘタを取って洗い、水気をきる。グラニュー糖はいちごの重量の50%（125g）を用意する。
②鍋にいちごを入れ、グラニュー糖を全体にふりかけて少しおき、レモンを搾り入れる。中火弱にかけ、ときどき混ぜながらクツクツと煮る。
③グラニュー糖が溶けていちごがふっくらやわらかくなったら、フォークで軽くつぶし、アクが出たら取り除き、とろりとするまで煮詰める。
④熱いうちに保存瓶に詰め、逆さまにして完全に冷めるまでおく。

小麦粉1カップでスコーン

小麦粉（薄力粉）

小麦粉1カップで1人分。自分のために作るひとりの朝ごはん。

1人分にしてはちょっと多めに見えますが、私のレシピは生地にヨーグルトを入れるので、ほどよく酸味がある軽い味。さっくり、ほろっとした食感に仕上げるコツは、生地を練らないようにすること。フードプロセッサーで生地を混ぜたら、ボウルの中で折りたたむようにして混ぜ、台の上で生地を切って重ねて押してまとめます。焼き立てアツアツが最高です。

材料（1人分）

小麦粉（薄力粉）　1カップ（100g）
ベーキングパウダー　小さじ1
バター（冷たいもの）　20g
プレーンヨーグルト　大さじ2
好みのジャム　適量
サワークリーム　適量
◎塩　グラニュー糖

① 小麦粉、ベーキングパウダー、塩ひとつまみ、グラニュー糖小さじ1をフードプロセッサーに入れて撹拌し、バターを小さく切って加え、そぼろ状になるまでさらに撹拌する。

② ①にヨーグルトを加えて数回パルスし、手でにぎってまとまるくらいになったらOK。水分が足りなかったらヨーグルトか水（分量外）を加える。

③ 小麦粉（分量外）をふるった台の上に移し、手で厚みをもたせてひとまとめにし、ゴムベラなどで半分に切って積み重ねる。これを再び手で押さえて平らにし、ゴムベラなどで半分に切って重ねる。これをあと2回ほど繰り返し、最後は長方形にまとめる。

④ ③の端を切り落として半分に切り、オーブンシートを敷いた天板にのせ、170〜180℃に予熱しておいたオーブンで20分ほど焼く。生地の端っこもまとめて一緒に焼く。ジャムとサワークリームをつけて食べる。

白玉粉1カップで揚げ白玉

白玉粉

白玉団子を揚げると表面はサクッ、中はもっちり。クセになるおいしさです。

つるつる、もちもち、口当たりもやさしい白玉が大好きで、ごまペーストであえたりして、うちでもちょっとしたスイーツとしてよく登場します。一般には白玉はゆでることが多いですが、実は揚げてもおいしいんです。白玉の生地を丸めて、そのまま油で揚げると、表面はサクッ、中はもっちり。揚げたてアツアツに砂糖をのせて頬張ると、いつもの白玉が別のおやつになります。

材料（作りやすい分量）
白玉
　白玉粉　1カップ（約100g）
　水　½カップくらい
●揚げ油　砂糖（上白糖）

①白玉を作る。ボウルに白玉粉を入れ、水を少しずつ加えながら手でよくこね、耳たぶくらいのかたさに練る。ラップに包んで10〜20分休ませる。
②ちぎって手のひらで転がして直径2〜3cmに丸め、真ん中をくぼませる。
③揚げ油を170℃くらいに熱し、②を適量ずつ入れ、揚げ色が少しついたら上下を返し、プクッとはじけるまで揚げる。
④油をきって器に盛り、上白糖を指でつまんでのせる。好みの砂糖でもOK。

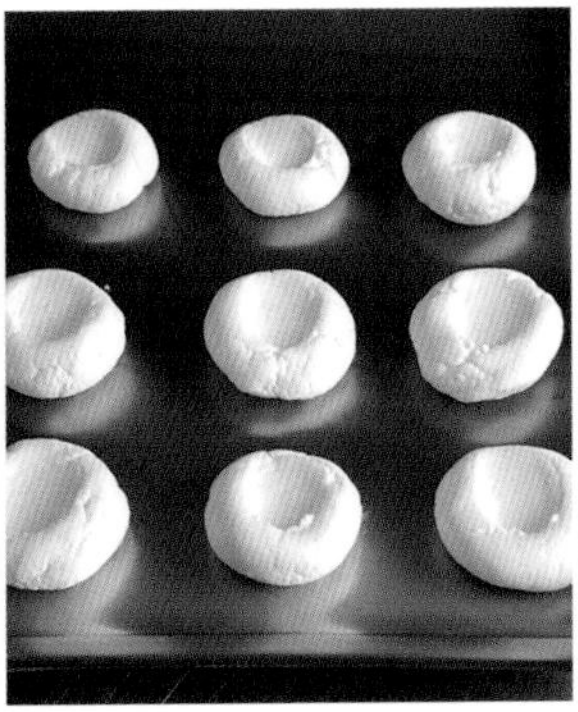

豆乳1パックで豆乳ゼリー

豆乳

おろししょうがとメープルシロップがおいしさの決め手です。

豆乳ゼリーの材料は豆乳と板ゼラチンだけ。豆乳は成分無調整のプレーンなものを使い、砂糖などの甘みをつけず、シンプルにかためます。食べるときに、おろししょうがとメープルシロップを混ぜたジンジャーメープルシロップをかけて完成。1人分なら豆乳小1パック（200㎖）でちょうどいい感じ。200㎖に対して板ゼラチン3gと覚えておけば、まとめて作ることも可能です。

材料（1人分）

豆乳（成分無調整）　小1パック（200㎖）
板ゼラチン　1.5g×2枚
しょうが　小1片
●メープルシロップ

①板ゼラチンはたっぷりめの水に入れ、やわらかくなるまでふやかす。
②鍋に豆乳を入れて温め、①の板ゼラチンの水気を絞って加え、ゴムベラなどで混ぜながら煮溶かす。器に流し入れ、冷蔵庫で冷やしかためる。
③しょうがは皮をむいてすりおろし、メープルシロップ$1/3$カップを加えて混ぜる。
④ゼリーがかたまったら、③のジンジャーメープルシロップをかける。子ども用にはしょうがなしでも。

[ご飯・餅・パン・麺]

[果物]

[その他]

食べたい素材で探す index

[肉・肉加工品]

[魚介・海産加工品]

[大豆加工品・豆]

[卵]

[野菜]

ブックデザイン　若山嘉代子 L'espace
撮影　ローラン麻奈
編集　松原京子
DTP製作　佐藤尚美 L'espace

有元家《ありもとけ》の「これさえあれば」

著　者――有元葉子（ありもと・ようこ）
発行者――押鐘太陽
発行所――株式会社三笠書房
〒102-0072 東京都千代田区飯田橋3-3-1
電話：(03)5226-5734（営業部）
：(03)5226-5731（編集部）
https://www.mikasashobo.co.jp
印　刷――誠宏印刷
製　本――若林製本工場

ISBN978-4-8379-2998-7 C0077